Matthias Dhammavaro Jordan
Erfahre dein wahres Selbst

via.nova
Verlag Via Nova

Matthias Dhammavaro Jordan

Erfahre dein wahres Selbst

Eine Reise in die Weite des Seins

Verlag Via Nova

1. Auflage 2016

Verlag Via Nova, Alte Landstr. 12, 36100 Petersberg

Telefon: (06 61) 6 29 73

Fax: (06 61) 96 79 560

E-Mail: info@verlag-vianova.de

Internet: www.verlag-vianova.de

Umschlaggestaltung: Guter Punkt, München

Satz: Sebastian Carl, Amerang

Druck und Verarbeitung: Appel und Klinger, 96277 Schneckenlohe

ISBN 978-3-86616-361-4

Inhalt

Vorwort

Liebe Leserin, lieber Leser,

ich möchte Sie mit diesem Buch zu einer Reise einladen, einer Reise zu sich selbst.

Wenn wir mal ganz ehrlich sind, wissen wir eigentlich nicht wirklich, wer wir sind, und das, was wir glauben zu sein, kann sich immer sehr schnell ändern.

Was nehmen wir als unser persönliches Ich? Kann ich etwas sein, das sich ständig ändert? Gibt es da etwas, das sich nicht ändert? Diese und viele andere Fragen werde ich hier stellen.

Ob Sie eine letzte Antwort finden werden, weiß ich nicht.

Dieses Buch besteht aus drei Teilen.

Im ersten Teil stelle ich Alltagssituationen dar und beschreibe verschiedene Persönlichkeitsanteile in diesem ‚Lebensspiel'. Einige dieser Betrachtungen sind den Fragen gewidmet: Wer erlebt das eigentlich alles? Was ist dieses ‚Ich', wer bin ich und was kann ich nicht sein?

Im zweiten Teil untersuche ich einzelne Persönlichkeitsanteile, lasse sie zu Wort kommen, zeige auf, dass wir diese verschiedenen Anteile haben, aber nicht sein können, und lade Sie dazu ein, das zu erkunden und in Kontakt mit Ihrer inneren Weite und Räumlichkeit zu kommen. Aber glauben Sie nichts, denn Sie sind immer Ihre eigene Autorität!

Der dritte Teil ist ein kleines Juwel. Es ist die Übersetzung eines der ältesten ZEN-Dokumente aus dem Jahre 606 n.Chr.

Mein alter Lehrer Ajahn Buddhadasa sagte einmal, dass etwas praktisch anwendbar sein müsse, damit es seinen Nutzen entfalten könne.

Dieses Buch hier möchte diesem Standard entsprechen und ich würde mir sehr wünschen, dass Sie einen praktischen Nutzen davon haben, der besonders im zweiten Teil angeboten wird.

Es ist mir eine Herzensangelegenheit, es in die Welt zu bringen in der Hoffnung, dass folgender Satz von *Rumi* zum Tragen kommt: „*Das Wort, das aus der Seele spricht, das setzt sich ganz bestimmt ins Herz.*"

In diesem Sinne wünsche ich Ihnen viel Freude und erkenntnisreiche Momente auf der Reise durch die Weite des Seins und zu sich selbst!

Mit guten Gedanken
Matthias Dhammavaro Jordan

ERSTER TEIL
Erfahre dein wahres Selbst

Geschichten

... wenn wir am Ende unseres Lebens
auf all das zurückschauen, was geschehen ist,
waren es alles nur Geschichten, die wir erlebten.

Aber genau genommen brauchen Sie gar nicht so lange zu warten, denn Sie haben ja schon eine bestimmte Wegstrecke Ihres Lebens zurückgelegt und können schon jetzt zurückschauen und die obige Betrachtung anstellen.

Wenn Sie in die Vergangenheit schauen, können Sie feststellen: Alles, was bislang geschah, hatte einen Anfang, einen Mittelteil und ein Ende. Alles, was bisher geschah und was Sie erlebten, waren nur Geschichten, die Einfluss, eine Qualität und eine richtungsweisende Wirkung hatten. Aber alle diese Geschichten haben Sie genau dahin gebracht, wo Sie jetzt sind, und das mitgestaltet, was Sie sind oder zu sein glauben, und sicherlich leben Sie auch gerade in einer oder mehreren Geschichten.

Jemand erzählte einmal dieses beeindruckende Gleichnis:

Angenommen, Sie werden bei Ihrer Geburt von einer Klippe hinunter in das Leben hineingeworfen. Der Aufprall unten ist Ihnen gewiss, aber wann, wer weiß das schon?

Und während Sie so fallen, machen Sie alle diese Lebenserfahrungen: Sie erleben die Kindheit und die Schulzeit, die Beziehungen zu all den Menschen um sich herum, die in die gleiche Richtung fallen. Hier ein kleiner Konflikt, dort ein Erfolg, dann die vielen Sorgen um die Zukunft, Ängste und depressive Verstimmungen, eine kleine Freude hier und dort, ein Mensch, der kommt, ein anderer, der Sie verlässt, und während Sie das alles so erleben, rauschen Sie im freien Fall immer näher dem Aufschlag entgegen.

Manche Menschen bleiben an einem Felsvorsprung hängen und schlagen dort auf, vielleicht nach 10, 20, 30 oder erst 80 Jahren des freien Falls.

Sie aber, und andere um Sie herum, fallen weiter und immer weiter dem sicheren Aufschlag entgegen.

Wenn Sie sich der Tatsache Ihrer eigenen Endlichkeit bewusst werden und diese Tatsache wirklich anerkennen, kann das zu bestimmten Konsequenzen führen.

Auf den kommenden Seiten lade ich Sie zu verschiedenen Betrachtungen ein. Ich werde Ihnen Geschichten erzählen, Lebensereignisse beschreiben, Vermutungen aufstellen, Religionen und weise Menschen zu Wort kommen lassen und hoffe, Sie auf eine kontemplative Reise mitnehmen zu können, die viel Raum für eigene Erkenntnisse lässt.

Einen Anfang finden
und ‚von hinten' schauen

Manchmal kann die Betrachtung von einem Ende der Anfang für etwas Neues sein, für eine neue Haltung, eine neue Sicht, einen neuen Lebensabschnitt, ein verändertes Leben. Es werden neue Prioritäten gesetzt, wie auch immer sich das für den einzelnen auswirkt.

Wenn ich mein Leben noch einmal leben könnte,
würde ich im nächsten Leben versuchen,
mehr Fehler zu machen.
Ich würde nicht so perfekt sein wollen.
Ich würde mich mehr entspannen.
Ich wäre ein bisschen verrückter,
als ich es gewesen bin.
Ich würde viel weniger Dinge so ernst nehmen.
Ich würde nicht so gesund leben.
Ich würde mehr riskieren, würde mehr reisen,
Sonnenuntergänge betrachten,
mehr bergsteigen, mehr in Flüssen schwimmen.
Ich war einer dieser klugen Menschen,
die jede Minute ihres Lebens fruchtbar verbrachten;
freilich hatte ich auch Momente der Freude,
aber wenn ich noch einmal anfangen könnte,
würde ich versuchen,
nur mehr gute Augenblicke zu haben.
Falls Du es noch nicht weißt,
aus diesen besteht nämlich das Leben;
nur aus Augenblicken, vergiss nicht den jetzigen!
Wenn ich noch einmal leben könnte,
würde ich von Frühlingsbeginn
an bis in den Spätherbst hinein barfuß gehen.

Und ich würde mehr mit Kindern spielen,
wenn ich das Leben noch vor mir hätte.
Aber sehen Sie, ich bin 85 Jahre alt und weiß,
dass ich bald sterben werde.

(Diese Version der ‚Lebensweisheit' wird Jorge Luis Borges
zugeschrieben.)

Unser Geist wird von vielen Gedanken bewegt, und die Inhalte dieser
Gedanken handeln von Geschichten, Lebensgeschichten. Es ist sehr leicht,
sich immer wieder auf diese Geschichten zu beziehen, denn sie sind das
Offensichtliche. Aufgrund der ganzen Geschichten meines Lebens entstehen die verschiedenen Selbstbilder und meine Identitäten.

Aber, bin ich diese Geschichten?

Manchmal reden Leute von Selbsterfahrung.

Was Sie dann mitunter machen, ist einfach nur, die Geschichten noch
mal zu erleben, die sie als ihr Selbst annehmen. Es werden Geschichten
erfahren, aber nicht das Selbst.

Das wahre Selbst zu erfahren ist keine leichte Sache, sagen die Weisen.

Es hat keine Form, es hat keine Farbe und es hat keine Geschichten an
sich hängen.

Es gibt da keine Bewegung, die man beobachten könnte, sondern man
kann sich nur mit der ihm innewohnenden Stille verbinden.

Ein Geist aber, der immer gewohnt ist, in Bewegung zu sein, und in
diesem Bewegen auch noch eine gewisse Faszination empfindet, wird den
Weg in den stillen Raum schwer finden. Die Gedanken, die Bewegungen,
die Geschichten des Lebens sind viel interessanter und faszinierender als
einfach nur ein stiller, leerer Raum.

Wenn man diesen Raum nie erlebt hat, weiß man noch nicht, dass in
dieser Stille die Verbundenheit verborgen ist, die wir alle suchen, einhergehend mit Frieden, Liebe, Zufriedenheit und dem Gefühl, hier zu

sein. Dazu kommt die Weisheit, die Fähigkeit, zu wissen, wie die Dinge wirklich sind.

Bewegungen hindern uns am Ankommen. Sie bilden Zwischenziele, bei denen es immer nur ein kurzes Verweilen gibt. Dann nimmt uns irgendeine innere oder äußere Kraft wieder mit auf die Reise, irgendwohin zu neuem Erleben, in welcher Form auch immer.

Und schon sind wir wieder ‚draußen' und auf der Jagd nach irgendetwas.

Solange sich diese Bewegungen und Reisen angenehm anfühlen, gibt es keinen Grund, nicht so weiterzumachen. An irgendeinem Punkt ihres Lebens stellen Menschen dann vielleicht fest, dass sie immer noch eine tiefe Unzufriedenheit spüren, obwohl sie eigentlich alles haben, was sie brauchen, und meistens haben sie sogar, was sie wollen, in Bezug auf Beruf, Karriere, Haus, Familie, Bankkonto und so weiter.

Das Leben läuft eigentlich genau so, wie sie es sich immer wünschten.

Manchmal werden Menschen in ihrem Leben wachgerüttelt: Die Frau verlässt ihren Mann, der Mann verlässt seine Frau, man bekommt eine Krankheit, man verliert seinen Job oder sein Vermögen, bemerkt, dass das Leben nicht immer das für einen bereithält, was man gerne möchte. Dann macht man sich selbst dafür verantwortlich, macht andere verantwortlich, sucht einen Schuldigen, den man dafür anklagen kann. Manche glauben, sie seien Versager, die irgendwann, irgendwo, irgendetwas falsch gemacht haben.

Aber dabei ist es ganz anders.

Das Leben folgt einfach seiner natürlichen Bahn. Dinge entstehen, verweilen, vergehen nach uraltem Gesetz und manchmal sehr unerklärlichen Gesetzmäßigkeiten.

Vielleicht stellt man sich dann die großen Fragen: Woher komme ich, wohin gehe ich, wie mache ich das? Was ist der Sinn dieses Lebens, warum bin ich hier, was ist wirklich wichtig in diesem Leben? Wer bin ich eigentlich wirklich? Wer bin ich, ohne diese Geschichten, die ich erlebte und die sich manchmal in meinem Geist abspulen?

Diese Frage ist vielleicht der Beginn einer Reise zu sich selbst.

Wenn alle Geschichten dort gelassen werden, wo sie hingehören, nämlich in die Vergangenheit, gibt es ja hier immer noch jemanden, der sagt: Ich bin.

Kann ich dieses ‚Ich bin' für eine kurze Weile einfach mal so stehen lassen und es nur erleben? Mich hier sogar ausruhen vom ewigen Machen und Tun?

Was finde ich hier bei mir, ohne Geschichten?

Anfangs kann es in der stillen Betrachtung sehr viel geistigen Lärm geben, der ganze geistige ‚Müll', als Abfallprodukt der gesammelten Geschichten. Dieser Teil in mir, der sich mit allen diesen Geschichten identifiziert, bekommt Angst, ohne sie nichts oder niemand mehr zu sein. Er verliert seinen Halt und hält sich gerne an diesen Geschichten fest.

Dieser Teil bezieht aus diesen Geschichten seine Identität, seinen Namen, seine Stellung, seinen Wert….

Dann geht es darum, den Weg zu finden zu meinem wahren Selbst.

Aber dieses Selbst hat keinen Namen, hat keine Form, keine Farbe. Es kann gefühlt werden als eine unendliche Weite, wie ein stiller Raum, wo es keine Bewegung gibt. Das ist der Ort, wo man sich ausruhen kann, wo man sein kann, ohne etwas Besonderes zu sein.

Der Verstand kann damit nichts anfangen. Denn der Verstand liebt die Bewegung, kennt sich in den Geschichten aus, ist daran gewöhnt, immer etwas zu tun, sich zu bewegen, in die Zeit zu gehen, und bietet alle diese Geschichten dem Selbst an.

Der Raum der Stille ist noch unerforscht, obwohl er die Basis für alle diese Geschichten ist, der Zwischenraum, die Stille, die nichts ist, außer sich selbst.

Und die Lebensreise beginnt.

Aber wenn schon leben, dann in vollen Zügen und mit Begeisterung, mit Liebe, Freude, Kraft und einem Ring am Finger, auf dem steht: Auch DAS wird sich ändern. Joseph Beuys rät zu Folgendem:

Öffne dich!
Lass dich fallen.
Lerne Schlangen zu beobachten.
Pflanze unmögliche Gärten.
Lade jemanden Gefährlichen zum Tee ein.
Mache kleine Zeichen, die „ja" sagen,
und verteile sie überall in deinem Haus.

Werde ein Freund von Freiheit und Unsicherheit.
Freue dich auf Träume.
Weine bei Kinofilmen; schaukle so hoch du kannst
mit einer Schaukel ... bei Mondlicht.
Pflege verschiedene Stimmungen.
Verweigere dich, „verantwortlich" zu sein,
tu' es aus Liebe.

Mache eine Menge Nickerchen.
Gib Geld weiter. Mach es jetzt. Das Geld wird folgen.
Glaube an Zauberei, lache eine Menge.
Bade im Mondschein.
Träume wilde, phantasievolle Träume.

Zeichne auf die Wände.
Lies jeden Tag.
Stell dir vor, du wärest verzaubert.
Kichere mit Kindern. Höre alten Leuten zu.
Öffne dich. Tauche ein. Sei frei. Preise dich selbst.

Lass die Angst fallen, spiele mit allem.
Unterhalte das Kind in dir. Du bist unschuldig.
Baue eine Burg aus Decken. Werde nass.
Umarme Bäume.
Schreibe Liebesbriefe.

Verlaufen

„Jegliche Liebe ist eine Art Heimweh, eine Sehnsucht nach einem verlorenen Paradies. Wir müssen uns darüber im Klaren sein, dass wir Liebe nicht zu erwerben brauchen, denn in der Tiefe unseres Selbst sind wir „Verlangen nach vollkommener Seligkeit".

JEAN KLEIN

Wir alle fühlen im tiefsten Inneren eine Sehnsucht nach Verbundenheit, nach der ursprünglichen, reinen Liebe, die sich manchmal fühlen lassen und sich mit uns selbst und anderen verbinden möchte. Doch wir haben diesen ‚Ort des Seins' verlassen und fühlen uns verloren in der großen Leere, alleine, unverbunden und einsam.

Die ‚Erbsünde' hat diese große Kluft entstehen lassen und diese tiefe, blutende Wunde des gefühlten Getrenntseins in unser Herz gerissen.

Dann aß Eva diesen Apfel vom Baum der zweifelhaften Erkenntnis von Gut und Böse, Positiv und Negativ und entfernte sich aus der Einheit des allumfassenden Seins und Adam folgte ihr direkt hinterher.

In diesem ‚Eins-Sein', nahm jeder Teil seinen ursprünglichen Platz ein und fügte sich harmonisch in das Ganze, ohne etwas Besonderes zu sein.

Begriffe wie: anders, größer, kleiner, wichtig, unwichtig, besser, schlechter existierten nicht, ja machten überhaupt keinen Sinn. Die ganze Bewertungsstruktur entfaltete sich mit diesem einen Biss, und der Mensch verlor seine naturgegebene Stellung in dieser Einheit.

Dann stand er da, nackt, unverbunden und schämte sich seiner Nacktheit.

Er hatte sich verlaufen und wusste nicht mehr, wohin er gehörte.

Er hatte seinen Platz, sein ursprüngliches Zuhause verlassen, aber die tiefe Sehnsucht danach hat ihn nie verlassen und brennt immer noch tief in seinem Herzen.

Aber um sich weiterhin fühlen zu können und eine Stellung und Position zu geben, setzte er sich vergleichend mit anderen Teilen in Beziehung. Somit kam Bewegung in dieses Spiel des Lebens.

Er entwickelte die Herzenstrübungen, um seine Position zum einen zu halten und zum anderen zu verbessern. Das war die Geburtsstunde des ‚Wollens‘, und mit ihm entstanden die anderen kleinen und großen Anverwandten des Wollens: Geiz, Neid, Eifersucht, Angst, etwas zu verlieren oder nicht zu bekommen, auch der Ärger und die Sorge reihten sich hier ein.

Alle Dinge, die das Wollen dann heranholte, verbanden ihn aber nur scheinbar mit ‚etwas da draußen‘, für kurze, vergängliche Zeit.

Diese Dinge konnten die Leere der tiefen Sehnsucht nach dem wirklichen Zuhause nie füllen.

Wir fanden nur scheinbar Wege, um diese Verbundenheit kurzfristig zu fühlen, aber erhofften uns ewige Zufriedenheit. Wir besorgen uns ‚Dinge‘, die uns freudvoll und glücklich stimmen. Wenn die Freude spürbar ist, verweilen wir im Moment und fühlen uns mit und über diese Dinge verbunden.

Aber diese ‚Dinge‘ bleiben nicht. Gehen sie, vergehen auch die Freude und das Glück.

Und so geht es weiter und weiter und weiter … bis zu der Erkenntnis: Ich habe mich abhängig gemacht von Glück und Freude, die ich im Außen bekam. Habe mein Wohlbefinden und meine Selbst-Wertschätzung in das Bewertungssystem der Anderen und der Welt gelegt und wurde so zum Spielball der Launen der ‚Welt‘.

Ich habe meine Kraft veräußert und bin abhängig geworden von Lob und Tadel, Anerkennung und Ablehnung, Freude und Glück, Ruhm und Ehre, habe mich selbst verloren, irgendwo da draußen, und versuche die Einzelteile meiner Ganzheit stückchenweise zurückzuholen.

Doch dort werde ich nichts finden, das dauerhaft bei mir bleibt, in dieser vergänglichen Welt mit ihren vergänglichen Erscheinungen. Ein Ankommen kann es so nicht geben.

Am Ende der Tage bleibt die Verzweiflung über die Irrwege und das nicht wiedergefundene Paradies. Es bleibt nur ein Strom von Sand, der mit einem Abschiedslied stetig durch meine Finger rinnt.

Dann sind meine Hände wieder leer. Weil es nichts, aber auch gar nichts zu halten gibt.

Wonach werde ich als Nächstes greifen?

Und so irrt der Wanderer weiterhin durch die heißen und kalten Wüsten der Einsamkeit, angetrieben, gestoßen, gedrängt von dieser tiefen Sehnsucht nach Liebe, nach Hierbleiben, Verbundenheit und stillem Sein …

Systeme

Alle Geschichten, die das Leben erzählt, spielen sich in Zusammenhängen ab, mit den dazugehörigen Situationen und Menschen und deren Rollen, die sie in diesen Systemen einnehmen.

Von einer systemischen Betrachtungsweise sprechen wir, wenn wir die Dinge als System betrachten, einzelne Teile in Zusammenhang zueinander und zum größeren Ganzen sehen. Ursachen für Probleme werden nicht bei den einzelnen Teilen, sondern in der Struktur des Systems gesucht. Denn Probleme und Konflikte resultieren meist aus zugrundeliegenden Strukturen und weniger aus individuellen Fehlern oder bösen Absichten. Systemisches Denken löst sich von richtig und falsch, gut und böse, unschuldig und schuldig.

Verbundene Hände

Während meiner Hospizhelferausbildung hatte ich ein sehr beeindruckendes Erlebnis:

Die Leiterin bat uns, in einem Kreis Aufstellung zu nehmen und die Hände gefaltet vor die Brust zu nehmen. Sie nahm einen langen Faden und verband alle Hände damit.

Dann bat sie einen der Teilnehmer, irgendeinen Finger seiner Hand zu bewegen.

Als mein Gegenüber einen Finger bewegte, spürte ich sofort über den verbundenen Faden seine Bewegung und alle anderen natürlich auch.

Ein wunderbares Beispiel, das fühlen und erleben lässt, dass jede Bewegung, die wir machen, Auswirkungen auf das Ganze hat und dass wir alle miteinander verbunden sind.

Manche Menschen halten, bewusst oder unbewusst, ganze Familienverbände oder andere Strukturen zusammen. Sie nehmen oft unbewusst einen Platz ein, damit Systeme erhalten bleiben. Bewegt sich aber ein ‚Finger' auf der anderen Seite, spüren es alle.

Wie zum Beispiel diese Frau:

Als junges Mädchen bekam sie eine Nierenkrankheit. Alle Augen in diesem Familiensystem schauten auf dieses kleine Mädchen, besonders natürlich ihre Eltern.

Die Eltern, nie wirklich gemeinsam im Herzen verbunden und vielleicht manchmal sogar kurz vor der Trennung stehend, blieben zusammen, weil die vielen Aufgaben um Haus, Hof und Familie eine Trennung eigentlich unmöglich machten. Nehmen wir mal an, dass dieses Mädchen die Energie zwischen den Eltern genau so spürte und Angst hatte, dass es eine unglückliche Trennung geben könnte.

Systemisch betrachtet, könnte es so gewesen sein, dass dieses Mädchen durch ihre Krankheit einen Fokus entstehen ließ, der die ganze Aufmerksamkeit auf sich zog und die Eltern über die gemeinsame Sorge für ihre Tochter wieder auf dieser Ebene verband. Und auch der Rest der Familie, ihre Schwester, die Großeltern waren über die Sorge, aber auch über die Fürsorge, die sie nun entwickelten, miteinander verbunden.

Wir haben heutzutage das Phänomen der späten Trennungen.

Meist sind es die Frauen, die sich aus der Ehe verabschieden, oft erst dann, wenn die Kinder ihre eigenen Wege gehen können. Einige haben sich lange zurückgehalten, vieles ausgehalten, auch die jammernde Schwiegermutter, den schon lange nicht mehr spürbaren Mann, haben oft ihre Bedürfnisse, ihre Karriere hinten angestellt, sich untergeordnet, auch der Kinder wegen, und haben so Systeme erhalten.

So erging es auch Maria.

Sie war eingebunden in die Versorgung ihrer zwei Kinder, ihres Mannes, regelte den Umbau eines alten Hauses, erfuhr wenig Unterstützung durch ihren Mann, arbeitete noch halbtags und dann hing auch noch die Schwiegermutter an ihr, die über das Jammern und Lamentieren die Verbindung zu ihr suchte, und zwar jeden Tag.

Diese ‚brave‘ Frau ließ sich so in alle Richtungen zerren und drücken und verlor langsam den Kontakt zu sich selbst, den Kontakt zu ihren eigenen Bedürfnissen, verlor ihre Kraft und die Freude am Leben, und Angst wurde ihr alltäglicher Begleiter.

Schließlich ging sie in Therapie, nahm Tabletten, und es ging ihr trotzdem immer schlechter. Auch das Leben zu beenden kam ihr in den Sinn.

Irgendwann machte sie mutige Schritte und verabschiedete sich von diesem Familiensystem. Sie vollzog die schon zehn Jahre gefühlte Trennung von ihrem Mann und entzog sich ihrer Schwiegermutter als Empfängerin für ihr ständiges Gejammer.

Sie entdeckte ihre vernachlässigte Kraft und Freude und die Persönlichkeitsanteile, die sich so sehr danach gesehnt hatten, endlich Beachtung und Wertschätzung zu erhalten und gelebt zu werden. Die Lebensfreude kam zurück.

Die Angst ging nicht ganz, sondern setzte sich in einiger Entfernung auf einen Ast, um sie daran zu erinnern, auf ihrem Weg der Selbstbeachtung zu bleiben.

Ängste entstehen aus verschiedenen Gründen.

Es gibt eine Angst, die warnend darauf hinweist, dass irgendetwas nicht mehr stimmt, dass die Lebensenergie nicht fließt, wenn die Anpassung an bestimmte Systeme keine mögliche Entfaltung und Äußerung der Lebensenergie und der persönlichen Potentiale mehr gewährt.

Angst ist auch eine Reaktion unserer inneren Größe und Weite, wenn wir im Laufe des Lebens auf einen oder mehrerer kleine Teile reduziert werden.

Es wäre interessant, an dieser Stelle Menschen zu beleuchten, die sich das Leben nahmen und so aus Familiensystemen entschwanden. Vielleicht hatten sie nie einen Platz bekommen oder einnehmen können, oder einen Platz eingenommen, der zu bedrückend war und auf den viel abgeladen wurde.

Weihnachten ist auch eine interessante Zeit, denn es kommen Menschen zusammen, die einmal in diesem festen Familiensystem gelebt haben. Mittlerweile haben sie eine eigene Familie, leben in neuen Systemen, haben neue Rollen eingenommen und sind mit den alten eigentlich nicht mehr identifiziert. Jetzt treffen sich die einzelnen Familienmitglieder wieder in diesem System und spüren, dass sie energetisch wieder in die Rolle hineingedrängt werden, die sie damals innehatten. Dann wird der erwachsene Mann, der selbst schon zwei Kinder hat, einen verantwortungsvollen Beruf ausübt, wieder zu dem kleinen Jungen von vielleicht drei oder fünf Jahren. Man wird wieder zum kleinen Bruder, zur kleinen oder großen Schwester und beginnt langsam das zu fühlen, was man glaubte schon lange abgelegt zu haben.

Und wenn Mama dem vierzigjährigen Sohn auch noch ein paar warme Socken schenkt, kommen alte Gefühle hoch und Geschichten, die einfach nicht mehr zu einem passen.

Dann fühlt dieser Mann vielleicht etwas Altes, Bekanntes, aber irgendwie doch Fremdes und bekommt das Gefühl, kleiner zu werden, zu schrumpfen, und sieht die Welt plötzlich mit den Augen eines Vierjährigen.

Auch Klassentreffen, zu denen man nach 20 Jahren eingeladen wird, zeigen dieses Phänomen. Sehr schnell werden die Rollen wieder eingenommen, die man in dem Klassenverband innehatte, oder diese Rollen werden einem von den anderen einfach zugewiesen.

Der Klassenclown wird wieder zum Klassenclown, der Streber zum Streber und der Außenseiter zum Außenseiter.

Es ist leichter, ein altes, gewohntes und somit sicheres System wieder aufleben zu lassen, als neue unbekannte Begegnungen zuzulassen, wo ich noch nicht einmal weiß, welchen Platz ich da einnehmen werde.

Alle ‚Einzelteile' dieses Universums bewegen sich in Systemen: die Tierwelt, die Pflanzenwelt, die Welt der organischen und anorganischen Erscheinungen.

Es gibt die Planetensysteme, wo jeder kleinste Mond und jeder Stern eine wichtige Rolle spielt. Hier organisieren sich die Einzelteile nach bestimmten Gesetzmäßigkeiten und haben keine eigenen Wahlmöglichkeiten.

Menschliches Zusammenleben spielt sich immer in Systemen ab und man kann nicht unabhängig davon sein. Es geht darum, zu erkennen, welche Rollen ich da einnehme und spiele, welche Rollen mir manchmal zugewiesen werden, ob sie mir guttun oder nicht, ob sie sich angenehm oder unangenehm anfühlen.

Und immer wieder sollte überprüft werden, ob ich in die Rolle überhaupt noch hineinpasse.

Der Baum am Rande des Dorfes

„Am Rande eines afrikanischen Dorfes stand ein sehr alter Baum. In diesem Dorf lebte ein alter, hochgeachteter Schamane, zu dem die Kranken kamen, um nach Beratung und Heilung zu fragen. Eines Tages kam ein Mann zu ihm, der sich vom Bösen besessen fühlte. Er hatte große Angst, war von Sorgen gebeutelt und fühlte starken Ärger, Wut und Hilflosigkeit. Sie kamen unerwartet, waren unberechenbar und lähmend. Der Schamane hörte sich das in aller Ruhe an und sagte ihm dann: ‚Am Rande des Dorfes steht dieser alte Baum. Ich habe das Böse in diesen Baum verbannt. Du darfst dich diesem Baum nicht mehr als 50 Meter nähern. Wenn du dich daran hältst, kannst du dich überall frei bewegen‘.

Der Mann hielt sich an diese Anweisung und das ‚Böse‘ war aus seinem Geist verschwunden und an diesen Baum angebunden.“

In Beziehungssystemen gibt es Menschen, denen die Rolle und Funktion dieses Baumes zugeschoben werden. In unserem Kulturkreis haben wir dafür den Begriff Sündenbock.

Ein Beispiel:

Auf Grund der Erfahrungen in ihrer Kindheit hatte eine Frau ein bestimmtes Männerbild entwickelt. Das kam folgendermaßen zustande: Ihren Vater hatte sie in ihrer Kindheit nur zweimal gesehen, sie fühlte sich später von ihm verlassen, und die Sichtweise auf Männer durch Mutter und Oma bestätigten ihr Gefühl, dass man sich auf Männer nicht verlassen kann und sie einen eines Tages sowieso verlassen werden.

Dieses Verlassenwordensein ließ sie nicht nur einen ‚Unwert‘ in sich fühlen, sondern auch eine große Wut auf Männer, mit den dazugehörigen Sichtweisen.

Das machte es ihr nicht leichter, Beziehungen mit ihnen einzugehen, denn das grundsätzliche Misstrauen war ein immer wiederkehrender Begleiter. Männer, die in ihr Leben kamen, mussten irgendwann als Stellvertreter für ihren Vater herhalten, und nachdem sie sie dann abgewertet hatte, blieb nichts ,Gutes' mehr an ihnen übrig, sondern nur noch das ,Böse'.

Und so scheiterte eine Beziehung nach der anderen.

Die Ehe mit einem Mann, mit dem sie zwei Kinder hatte, die Beziehung zum nächsten, mit dem sie einen Sohn hatte, und die darauffolgenden Beziehungen scheiterten auch.

Mit dem Vater ihres gemeinsamen Sohnes, der mittlerweile bei ihm lebte, traf sie organisatorische Regelungen, und durch den Abstand kamen auch immer wieder sehr freundliche Begegnungen zustande: gemeinsames Kaffeetrinken, Austausch über Ereignisse des Lebens, alles mit einem gewissen, für sie sicheren Abstand, aber in freundlicher Atmosphäre.

Dann kam ein neuer Mann in ihr Leben, mit dem sie eine vorsichtige Beziehung anfing.

Sie sah das als eine große Chance, ihren Traum von Familie und Beziehung doch noch zu erfüllen. Und das veränderte schlagartig die Beziehung zu diesem zweiten Vater. Er erlebte von ihr nun diese plötzlichen Wutausbrüche, Anfeindungen, Abwertungen und Anschuldigungen aus der Vergangenheit.

Was passierte hier? Ihr war es wichtig (und das alles geschah natürlich ganz unbewusst), diesen neuen Mann ,rein' zu halten von all den Abwertungen und negativen Sichtweisen, die wieder diese Beziehung und somit ihren Traum hätten zerstörten können. Sie musste also diese Abwertungen irgendwo unterkriegen und das geschah dadurch, dass sie nun den Vater ihres Sohnes abwertete. So konnte sie all das ,Böse' an ihn anbinden und den neuen Mann davon frei und rein halten. Den ersten Mann, mit dem sie zwei Kinder hatte, hatte sie schon lange als ,Arschloch' abgewertet, nun kam noch der zweite dazu.

So hatte sie nicht nur einen, sondern zwei Bäume am Rande des Dorfes, die sie von nun an mied.

Selbstwertschätzung
und Beziehungssysteme

Es bedarf einer klaren Entscheidung, aus unheilsamen und krankmachenden Beziehungssytemen auszusteigen, wenn sie nicht verändert werden können. Wenn gemeinsam keine zufriedenstellende Lösung gefunden werden kann und keiner das Gefühl hat, es bewege sich etwas, müssen gewisse Schritte gegangen werden.

Menschen, die uns gegenüberstehen, haben alle ihre Selbstbilder und Egostrukturen, ihre Gewohnheiten, Ängste und Bedürfnisse entwickelt, genau wie wir.

Manchmal kommt es in Beziehungen zu Konflikten und auch zu körperlichen und seelischen Bosheiten. Dafür entschuldigt sich der eine oder andere später und sagt: „Ich mache das auch nie mehr wieder, es tut mir leid". Aber die Bosheiten passieren schon seit vielen Jahren, immer wieder. Ja, es stimmt, er oder sie wird es auch nicht wieder tun, nicht die Person, die da gerade spricht. Diese Bosheiten werden von einzelnen Persönlichkeitsanteilen ausgeführt, die in bestimmten Situationen die Führung übernehmen.

Die betroffene Person muss entscheiden, wann was zu tun ist.

Wenn sie sich entscheidet, aus der krankmachenden Situation auszusteigen, dann braucht es Mut, um sichere Schritte zu sich selbst zu gehen. Es braucht Vertrauen in die eigene Wahrnehmung und in die Einschätzung der Situation. Es braucht eine innere Kraft, die hilft, alle diese Schritte gehen zu können. Es ist der mutige Sprung für diejenigen, so, wie es Picasso formulierte: „... *die sich im Ungeborgenen geborgen fühlen ...*'.

Es gibt allerdings keine Garantie für irgendetwas, was die Zukunft und die sich wechselnden Lebensereignisse betrifft. Aber man kann sich auf die eigene Kraft beziehen, sie ist da, vielleicht etwas verschüttet und vergessen, aber sie ist da! Und ein wichtiger Schritt zu ihr ist es, dass man sich selbst mag und mit sich einverstanden ist.

Das, was man an sich nicht mag oder womit man nicht einverstanden ist, bezieht sich nur auf einzelne Persönlichkeitsanteile. Mit einem sehr freundlichen und gütigen Blick auf sich selbst kommt man vielleicht zu einer inneren Klarheit, die zu weiteren eigenständigen Schritten führt.

Freude ist eine wichtige Kraftquelle, und es gibt Hinweise, wie wir unseren Geist freudvoll stimmen können. Vielleicht kann ich mich an innere Qualitäten erinnern, die nicht so offensichtlich sind, vielleicht einfach nur meine Ehrlichkeit und Gradlinigkeit, auch im Kontakt zu anderen.

Was ist es, was Sie an anderen schätzen? Genau diese Qualitäten schätzen Sie auch an sich selbst. Erinnern Sie sich an Ihre Freundlichkeit und Großzügigkeit oder andere verbindende Qualitäten, dann entsteht Freude, und diese Freude verbindet Sie mit ihrer Kraft.

Auch die Fähigkeit, zu verzichten, ist eine Kraft in uns. Ich muss nicht immer alles nehmen, was ich nehmen kann, manchmal auch mit unlauteren Mitteln.

Wenn Sie sich an Ihre ethisch-moralische Überzeugungen erinnern, so ist auch das eine Kraftquelle. Gradlinigkeit im Sein und Handeln hält Ihre innere Kraft zusammen. Die Klarheit Ihrer Absichten auch: wenn kein zweites, unsicheres, kräftezehrendes Zweifeln, Bedenken und Hadern entsteht.

Aber auch diese Kräfte sind in uns, und wenn Sie sie bei sich entdecken, seien Sie sehr freundlich und nachsichtig mit sich selbst, und verurteilen Sie sich *nie* für diese Dinge, die Sie da in sich entdecken. Ordnen Sie Ihren ‚Werkzeugkasten‘ und entscheiden Sie, welche Werkzeuge wann und wo zu benutzen und einzusetzen sind.

Selbstachtung

Wenn mein Handeln mit meinen Werten übereinstimmt, fühle ich Selbstachtung.

Wenn ich zu mir stehe, auch wenn andere Menschen etwas von mir wollen, das ich nicht bereit bin zu geben, wenn ich mich nicht verbiege und auch ‚nein' sagen kann, weil dieses ‚Nein' aus einer inneren Überzeugung kommt, dann fühle ich Selbstachtung.

Es kann sehr schnell passieren, dass ich etwas tue oder sage, um anderen zu gefallen oder irgendeinen Vorteil zu ergattern.

Folge ich nicht meiner Überzeugung, lasse ich mich schnell von den ‚Wölfen hinreißen, mit ihnen zu heulen', passe mich an die Meinung der Mehrheit an, vielleicht auch, um andere ‚Stimmen' in mir nicht hören zu müssen, wie die Angst, die Sorge oder die Einsamkeit.

Manchmal mache ich mich bewusst klein, damit andere mich nicht angreifen oder ich nicht ins Kämpfen kommen muss. Manchmal mache ich mich auch deswegen klein, damit andere mir mein ‚Wohlsein' nicht neiden. Ich verleugne manchmal sogar gewisse Überzeugungen und Haltungen dem Leben gegenüber, und so weiter und so fort.

Bin ich dann aus der Situation wieder heraus, kann sich zuweilen ein schales Gefühl einstellen und ein Wundern über das, was ich da gerade sagte oder tat. Schlimmstenfalls verachte ich mich dann selbst für genau das, was ich eigentlich bei anderen auch verachten würde.

Aber es gibt auch die andere Möglichkeit: Ich stehe zu mir, spreche aus meiner Wahrheit heraus, folge meiner Überzeugung, beachte meine Bedürfnisse. Ich entspreche nicht den Sorgen, Ängsten, Hoffnungen oder Erwartungen anderer, sofern ich das nicht will oder es als unangemessen erachte.

Zu sich selbst, als dem Menschen, mit dem Sie immer zusammen sind, sollten Sie ein wirklich gutes Verhältnis haben: sich lieben, achten und wertschätzen mit allen Anteilen (oder Stimmen des Selbst), die es da in sich zu entdecken gibt.

Betrachten Sie sich als spirituelle Amazone oder Krieger, bereit, sich diesen Kräften zu stellen. Entdecken Sie in sich die Aussicht auf eine neue Freiheit, nämlich die Freiheit, nicht mehr auf unheilsame Kräfte reagieren zu müssen. Sie haben nur sich selbst. Sie leben mit sich selbst, auch wenn Sie Beziehungen nach da draußen haben.

Am Ende werden Sie sterben und dann mit sich selbst alleine sein.

Der einzige Ort, der Ihnen Kraft und Sicherheit gibt, liegt in Ihnen selbst.

Zusammenfassend:

In jedem System nehmen Menschen Rollen ein, ziehen Masken auf oder sie werden ihnen zugeordnet. Wenn das nicht durchschaut wird, lassen wir uns auf die verschiedenen Geschichten unseres Lebens reduzieren und vergessen die Weite, aus der wir kommen, die wir sind. Je mehr Bedürfnisse in einem System befriedigt werden, desto angenehmer fühlt es sich an und umso bereitwilliger spielen wir da mit.

Die Unbeständigkeit des Seins gibt uns die Dinge, aber nimmt sie uns auch wieder.

Manche dieser Veränderungen heißen Lebenskrisen. Sie ermöglichen ein Aufwachen aus dem Traum der persönlichen Identifikation mit einer Geschichte meines Lebens und laden zu neuem Hinschauen ein, vielleicht in den Zwischenraum, der die Grundlage für alle diese Geschichten ist.

Wer etwas sein, haben oder werden will, ist schon wieder direkt auf dem Weg in eine neue Falle. Und doch brauche ich diese verschiedenen Persönlichkeitsanteile oder Masken, um mich der Welt zu zeigen, um mit der Welt in Verbindung zu treten, um mich in ihr zu bewegen.

Ich darf nur nicht vergessen, diese Masken wieder abzusetzen, und schon gar nicht darf ich glauben, dass ich eine dieser Masken bin.

Worauf beziehe ich mich in mir, wenn ich ‚Ich‘ sage? Inwieweit verliere ich mich im Außen?

Finde ich den stillen, freudvollen ‚Ort‘ in mir? Wertschätze ich mich? Was habe ich eigentlich für eine Meinung von mir und über die Dinge, die ich tue, sage, fühle oder denke? Sage ich JA zu mir, mit *allem,* was ich da in mir finde? Bin ich meine beste Freundin, mein bester Freud geworden? Liebe ich mich?

EGO

Ich definiere diesen Begriff mit drei Worten, die sich aus den drei Buchstaben ableiten: Erlebte Geschichten Organisieren.

Geschichten sind immer Vergangenheit oder Zukunft, erlebte Geschichten, erdachte Geschichten.

Was mache ich, wenn ich Geschichten organisiere?

Ich setze mich in Bezug zu diesen Geschichten, indem ich darüber nachdenke, sie bewerte und einordne, eine Meinung darüber habe und sie wieder in Bezug zu anderen Geschichten setze und all den Menschen, die irgendwie damit zu tun haben, zu tun hatten oder haben werden. Und so kreiere ich Szenarien und Vorstellungen über die Zukunft, die wahrscheinlich nie so eintreffen, wie ich es mir erdenke.

Aber die meisten Menschen haben ein Bedürfnis nach Sicherheit und möchten das mögliche oder erhoffte oder auch gefürchtete Ereignis in der Zukunft kennen. Ich möchte wissen, was auf mich zukommt, damit ich jetzt schon eine mögliche Reaktion vorbereiten kann und vorbereitet bin.

Das Gleiche gilt für Geschichten aus der Vergangenheit, die ich aufgrund meiner selektiven Beobachtung bewerte, damit in Bezug trete und die ich bestimmt anders erlebt habe als Menschen, die auch dabei waren.

Jeder Mensch schaut durch seine Brille, durch seine Masken und die eigene individuelle Begrenztheit. Und in der Begrenztheit gibt es keine Weite und keine Offenheit und somit keine Öffnung, gegenwärtige Erlebnisse zu empfangen.

Mooji sagt dazu: „*Triff niemals irgendwelche Vorbereitungen, um einem anderen Menschen zu begegnen. Begegne ihm immer wieder neu und frisch.*"

Diese Aussage kann man auch auf andere Situationen ausweiten.

Immer wieder kann die Frage gestellt werden: Was ist die Quelle meines Handelns?

Mache ich Dinge aufgrund meiner Wünsche, wegen der Erwartungen anderer oder aufgrund der Erfüllung verschiedener Aufgaben?

Dann ergeben sich Fragen wie: Wer bin ich ohne Masken? Wer bin ich ohne Bezeichnung? Was ist mein ursprüngliches Gesicht? Was ist mein wahres Selbst?

Das sogenannte Ego braucht Geschichten, um sich selbst zu erkennen.

Das Gefühl, ich bin dieses oder jenes, braucht Geschichten, um dieses oder jenes zu sein.

Diese Geschichten finden nie im Moment statt.

Im Moment gibt es nur die Erlebnisse dieses Momentes. Das, was Sie gerade jetzt erleben: hier sitzen, ein Buch lesen, Geräusche hören, ein paar Gedanken, aus dem Fenster schauen, eine Bewegung der Hand und irgendwie ein Gefühl zu sein, mehr ist gerade nicht.

Aber wenn eine starke Bezugnahme auf das Ego besteht, dann brauchen Sie ständig diese gedanklichen Bewegungen, die diese Geschichten immer wieder reproduzieren und einen Bezug zur Person herstellen. Und so hat dieses „Ich-bin-dies", „Ich-bin-das" immer eine Anbindung. Die Person wird mit Geschichten verbunden.

Wenn wir in Form der Geschichten keine Bezugspunkte mehr haben für unsere Person, die unsere Selbstbilder bestätigen, und wenn es dann still wird in uns, hat das Ego vielleicht das Gefühl, nicht mehr zu sein oder sogar zu sterben.

Auch deswegen ist es so schwierig, im Moment zu bleiben.

Im erlebten Moment gibt es keine Geschichten.

Dann bin ich einfach nur. Nur das, und mehr nicht.

Tue das, was zu tun ist

Ajahn Buddhadasa sagte oft den Satz: *„Wenn du das Dhamma praktizieren willst, dann erfülle deine Aufgaben".*

Oft haben wir nur einfache Aussagen von Weisen, die auf etwas zeigen, in kurzen, knappen Sätzen, worin allerdings die Erfahrung und die Weisheit eines ganzen Lebens zum Ausdruck kommt. Kann es wirklich so einfach sein?

Wenn ich diesen Satz „Erfülle deine Aufgaben" einmal kontemplativ betrachte, könnte er bedeuten: ‚Wenn du deine Aufgaben erfüllst, bist du eingebunden in das ganze Universum, und das ist gleichbedeutend mit dem Praktizieren des *Dhamma* oder der Wahrheit und der Erfüllung deines Lebenssinns'.

Erfülle deine Aufgaben, Meditation im Alltag

Das Wort Meditation gab es zur Zeit Buddhas noch nicht.

Er nannte diesen Prozess *Bhavana*. Dieses Wort bedeutet das Entwickeln von fünf in uns angelegten Qualitäten, nämlich: Vertrauen, Energie, Achtsamkeit, Konzentration und Weisheit.

Diese Qualitäten finden nicht nur in der formalen Meditation Beachtung, sondern der ganz normale Alltag mit seinen Herausforderungen ist der Ort, wo wir sie entwickeln können.

Ich wache also morgens auf, habe am Abend meinen Körper hingelegt, um ihn auszuruhen. Nun, ich hatte keine Wahl, denn er war müde. Aber doch erfüllt das eine Aufgabe dem Körper gegenüber. Gleich nebenan, in einem anderen Zimmer, schläft mein Sohn Samuel. Der wird von mir in ungefähr zwanzig Minuten geweckt.

Was ist zu tun? Was ist jetzt meine Aufgabe?

Erst einmal habe ich die Aufgabe, mich anzuziehen, Zähne zu putzen und zu sehen, ob es in der Küche warm ist. Dann möchte mein Sohn etwas frühstücken, und ich auch.

Was ist noch zu tun?

Er muss auch etwas anziehen. Das geht nur, wenn ich einige Tage vorher die Wäsche gewaschen und getrocknet habe und sie so bereitlegen kann.

Dann wecke ich meinen Sohn auf meine eigene Weise und wir frühstücken zusammen.

Ich könnte jetzt den ganzen Tag in seinem Ablauf so beschreiben, denn es gibt ständig etwas zu tun.

Es reicht zu sehen, dass es ständig wechselnde Lebenssituationen gibt, in denen eine Aufgabe erfüllt werden muss, um den harmonischen Fluss des Lebens zu gewährleisten.

Bei manchen Aufgaben habe ich eine Wahl, wie und wann ich sie erfülle, bei anderen nicht. Ich kann zum Frühstück Brötchen oder aber Müsli anbieten. Ich habe aber keine Wahl, wenn ich meinen Körper entleeren muss, und ich kann die Einatmung nicht gegen die Ausatmung austauschen.

Wenn ich also meine Aufgaben erfüllen möchte, brauche ich die Qualität der *Achtsamkeit*. Wenn ich Brötchen schmiere, muss ich das richtige ‚Werkzeug' in die Hand nehmen, muss mit dem Messer zum Beispiel die Butter treffen. Wenn ich mit meinen Gedanken aber woanders bin, dann kann es passieren, dass ich statt Butter Senf darauf schmiere.

Vielleicht komme ich aus Versehen mit dem Ellenbogen gegen eine Tasse und sie droht, herunterzufallen, dann kommt die *Konzentration* ins Spiel, um schnell genug zu sein, sie vor dem Zerbrechen aufzufangen.

Das sind schon mal zwei Glieder der Meditation: Achtsamkeit und Konzentration.

Was ich die ganze Zeit schon brauchte, ist *Energie*.

Das begann ja schon mit dem Aufstehen. Da musste ich Kraft aufwenden, auch wenn es nur minimal war. Und wenn ich so jeden Tag meine

Aufgaben angehe, dann *vertraue* ich auch irgendwie, dass ich das kann, dass mein Sohn das Frühstück auch isst, vertraue darauf, dass ich morgens Brötchen bekomme, dass ich weiß, wann der Kühlschrank zu füllen ist.

Ich vertraue auf meine Fähigkeit, diese Dinge zu tun, und ich vertraue auch darauf, dass ich eventuelle Lücken oder Engpässe bei der Versorgung mit Lebensmitteln erkenne und diese abstellen oder beheben kann.

Über den ganzen Tag hinweg gibt es irgendwelche Aufgaben zu erfüllen.

Wenn all diese Aufgaben mit Achtsamkeit, der Energie, die diese Aufgaben erfordern, dem Vertrauen, das sich gebildet hat, und der manchmal benötigten Konzentration durchgeführt werden, entwickelt sich vielleicht der fünfte Punkt, um den es in erster Linie geht: *Weisheit*.

Im Buddhismus bedeutet Weisheit: zu sehen, wie die Dinge wirklich sind.

Wenn man seine Aufgaben achtsam gemacht hat, kann man mit dieser begleitenden Qualität die Ereignisse des Lebens auch unter noch anderen Gesichtspunkten betrachten.

Das Brötchen, das mein Sohn da auf seinem Teller liegen hat, ist irgendwann einmal weg. Samuel geht zum Bus und weg ist er, erst einmal. Ich trinke meinen Kaffee, schaue in die Tasse und siehe da, der Kaffee ist weg. Mit Achtsamkeit auf die Dinge schauend, entwickle ich einen Blick für die sogenannten Daseinsmerkmale: hier die Unbeständigkeit oder Vergänglichkeit aller Dinge.

Ja, die Dinge gehen ständig, wandeln ihre Form, sind immer in Bewegung.

Ich könnte mich natürlich auch daran erfreuen, dass diese geschmierten Brötchen so schön aussehen und ich sie deswegen behalten möchte. Aber es ist nicht ihre Funktion, so zu bleiben, wie sie sind, sondern einen bestimmten Zweck zu erfüllen.

Schauen wir auf unseren Körper, als Beispiel dafür, wie Aufgaben erfüllt werden.

In einem gesunden Körper erfüllen all die Organe ihre Funktion, arbeiten gut zusammen. Keines fragt nach besonderer Beachtung oder schaut neidisch auf die Funktion eines anderen Organs. Die Aufgaben werden erfüllt, ohne zu wählen.

Manchmal sind die Organe vielleicht überfordert und dann reagieren sie, um sich selbst zu schützen. Aber eine Wahl treffen sie nicht.

Wenn sie das tun würden, könnte das ungefähr so aussehen: Sie beißen in ein Würstchen, schlucken es hinunter und es plumpst in den Magen. Der Magen, nehmen wir mal an, hätte bewusste Entscheidungsfähigkeit, sieht dieses Würstchen und denkt sich: „Ne, keine Lust darauf" und lässt es einfach dort liegen. Dann fällt ein Pizzastückchen hinein und auch hier: „Ne, keine Lust auf Pizza" und packt es zum Würstchen.

Dann kommt ein Stück Kuchen und der Magen denkt sich: „Ja, das ist gut" und verdaut es. Auf der einen Seite sammelt er die Dinge, die er nicht mag, die anderen verdaut er.

Was sich da so mit der Zeit ansammelt, fängt bald an zu verwesen, zu faulen, entwickelt Giftstoffe und der Magen bekommt plötzlich Beschwerden usw. usw.

Und das alles nur, weil er Präferenzen hatte und so nicht seine Aufgaben erfüllte.

Wie ist dieses Beispiel in unser menschliches Leben zu übertragen?

Vielleicht kommen ja Situationen in meinem Leben auf mich zu, aber ich will nichts damit zu tun haben. Ist dann die Situation mit meinem Ausweichen bereinigt oder wurde eine Lösung gefunden? Oder gab und gibt es da etwas zu tun und eine Aufgabe zu erfüllen?

Sie fahren die Straße entlang, haben einen wichtigen Termin und sehen ein Auto im Straßengraben liegen. Ist hier eine Aufgabe zu erfüllen oder nicht?

Wenn ich weiterfahre, hat das Konsequenzen, wenn ich anhalte und nachschaue, auch.

Viele ähnliche Geschichten könnten hier aufgezählt werden, aber die Frage, die hier immer gestellt werden kann, ist: Was gibt es gerade zu tun, was will das Leben gerade von mir?

Wenn ich die Achtsamkeit zur Hand habe, weiß ich, was zu tun ist. Achtsamkeit entwickelt die Weisheit und zeigt klares Verständnis einer Situation.

Mehr ist erst mal nicht zu tun, eine klare Anweisung, ist das nicht schön?

Ajahn Chah sagte einmal: *„Unser Leben ist wie der Atem, wie die wachsenden und fallenden Blätter. Wenn wir wirklich etwas vom Fallen der Blätter verstehen, können wir die Wege jeden Tag fegen und haben große Freude auf dieser sich ständig wandelnden Erde".*

In unseren Alltag übersetzt könnte das ungefähr so heißen: „Wenn wir bei den alltäglichen Verrichtungen achtsam sind, können wir das nächste Mal die Spülmaschine ein- und ausräumen, den Müll rausbringen, die Küche putzen, Wäsche waschen, und dabei große Freude auf dieser sich ständig wandelnden Erde haben".

Warum wollen wir solche Arbeiten eigentlich meistens schnell hinter uns bringen, zuweilen auf die lange Bank schieben oder auch einfach an andere delegieren?

Wenn wir die wichtigen und notwendigen Aufgaben nicht erfüllen, kommt das ganze System ins Stocken. Wenn ich sie hastig, lustlos und vielleicht manchmal ärgerlich erledige, dann bin ich schon in einer gefühlten Hölle. Aber wenn ich mich daran erinnere, dass DAS gerade in diesem Moment das Wichtigste ist, was zu tun ist, und in meinem Leben eine wichtige Aufgabe erfüllt, fühlt es sich ganz anders an.

DER ZEN-MÖNCH

In einem kleinen Dorf gebar eine junge Frau ein
Baby. Die Eltern wollten wissen, wer der Vater sei,
und aus Angst, dass diese verbotene Beziehung zu
einem jungen Mann bekannt würde, sagte sie, dass
es der Zen-Mönch gewesen sei. Dieser Mönch war
hochangesehen und lebte in der Nähe des Dorfes
in einem Bergkloster. Enttäuscht und wutentbrannt
machten sich die Eltern der jungen Frau und das halbe
Dorf auf zu diesem Kloster. Sie klopften an die Tür, bis
der Mönch sie öffnete. Der Vater nahm das Baby und
überreicht es ihm mit den Worten: „Das ist dein Kind"!
Der Mönch antwortete: „Ist das so"? Er nahm das
Baby an sich und schloss das Tor. Unter Geschimpfe
verließen die Dörfler den Berg. Der Mönch versorgte
das Kind und tat, was zu tun war. Die Jahre zogen ins
Land. Viele Jahre später wurde die junge Frau von einer
giftigen Schlange gebissen. Sie wusste, dass sie bald
sterben würde, und bereute es sehr, dass sie diesen
Mönch beschuldigt und ihr Baby weggegeben hatte.
Sie gestand alles ihren Eltern und abermals machten
sie sich mit dem halben Dorf auf zu dem Kloster auf
dem Berg. Sie klopften an die Tür, bis der Mönch
öffnete, und der Vater sagte zu ihm: „Das ist nicht dein
Kind"! Der Mönch sagte: „Ist das so"? Und übergab
ihnen, was sie zurückforderten.

Folge dem Fluss des Lebens

Es gibt in einem Moment immer nur eine Sache zu tun. Man kann die Einatmung von morgen nicht der von heute vorziehen. Das geht einfach nicht. Ich kann auch die Verdauungssekrete für das Würstchen von übermorgen nicht jetzt schon produzieren und in meinem Magen speichern. Es geht um die direkte ‚Beantwortung' einer Aufgabe in einem gegenwärtigen Moment, direkt und spontan.

Dem Fluss des Lebens zu folgen heißt, einfach nur hier zu bleiben und das zu empfangen, was auf mich zukommt, und angemessen darauf zu reagieren, zu tun, was zu tun ist, und somit im Fluss des Lebens zu fließen.

Als Novize im Kloster öffnete ich mich an einem bestimmten Tag dem Dienen und es war überraschend, wie schnell das die anderen bemerkten. Ich hatte plötzlich viel zu tun.

Aber auch hier muss man klare Geistesgegenwart haben, um die Notwendigkeit der zu erfüllenden Dinge einschätzen zu können. Denn es gibt auch Menschen, die diese gebende Haltung für sich ausnutzen und sich vielleicht ‚saugend' an einen hängen.

Hier bedarf es einer klaren Sicht auf die Notwendigkeit, auch auf die Korrektheit der zu erfüllenden Aufgaben, und ich muss hier Verantwortung für mein Handeln nach meinem eigenen Bewertungssystem und meiner ethischen Grundhaltung übernehmen.

Ist es wirklich nötig, jemandem Geld zu leihen, obwohl er noch genug hat, nur weil er weiß, dass ich großzügig bin und es ihm geben würde? Oder muss ich mir zum hundertsten Mal eine Geschichte anhören, nur damit es dem anderen gutgeht, mir aber immer schlechter?

Ich brauche hier ein Unterscheidungskriterium und muss meine Entscheidungen damit abgleichen. Hier wird es dann spannend.

Denn es geht ja nicht darum, alles zu tun, was an einen herangetragen wird. Man muss auch für sich selbst oder besonders für sich selbst Sorge tragen. Das ist sehr wichtig.

Wenn ich wenig Kraft oder Kapazität und vielleicht noch ein sogenanntes Helfersyndrom, einen inneren Antreiber und Perfektionisten oder Angst habe, nicht zu genügen und kritisiert zu werden, kann es sein, dass ich mich schnell selbst überfordere und übergehe.

Wer schon mal im Flugzeug gesessen hat, kennt die Anweisung der Stewardess in einem Notfall: Zuerst ziehen sich die Erwachsenen die herunterfallenden Sauerstoffmasken an, also die Helfer, und dann erst werden die Kinder versorgt und die, die sich nicht selbst versorgen können. Denn wenn die Helfer ausfallen, fallen die anderen auch aus.

Es geht darum, sich selbst in erster Linie zu versorgen, sich selbst zu beachten, die Anzeichen zu sehen, wann ich selbst Ruhe, Kraft und Freude brauche. Dies erfordert ein klares Verständnis der jeweiligen Situation. Und dann kann ich auch nein sagen, oder ja, je nachdem. Denn spontanes Handeln heißt nicht unbedingt richtiges oder angemessenes Handeln. Es kommt darauf an, welche Kräfte das Handeln antreiben. Vielleicht meine alten Muster, ein Schuldgefühl, ein schlechtes Gewissen oder der Anspruch, ‚immer da zu sein‘, die Angst, abgelehnt oder kritisiert zu werden, verschiedene Unsicherheiten, na, und so weiter.

Wenn das die Kräfte sind, die mich antreiben, dann sorge ich nicht für mich selbst. Die Fürsorge für sich selbst hat mit Egoismus nichts zu tun. Es ist wichtig, sich immer erst um sich selbst zu kümmern.

Wenn also ein klares Verständnis einer Situation vorhanden ist, kann ich angemessen handeln und alles andere vertrauensvoll an das Leben abgeben.

Ich möchte nun zwei weitere Kräfte beleuchten, die im Leben oft eine wichtige Rolle spielen:
a) Vertrauen, was eine hingebende und verbindende Qualität hat, und
b) Erwartungen, die uns immer in die Zeit bringen und von gegenwärtigem Erleben abhalten.

Vertrauen

Vertrauen ist in unserem menschlichen Bereich eine hochgeschätzte Qualität. Wir hören es immer wieder: „Du musst Vertrauen haben". Wenn Dinge nicht so gut laufen: „Vertraue!"
Worauf soll ich eigentlich vertrauen?
Vor Jahren besuchte ich einen Workshop in Gewaltfreier Kommunikation und es wurde eine Übung zum Vertrauen angeleitet. Ich weiß nicht mehr den Inhalt dieser Anleitung, aber als wir fertig waren, war ich sehr erschüttert, feststellen zu müssen, wie wenig ich anderen Menschen vertraute. Ich erlebte stattdessen Misstrauen, Zweifel, Vorbehalte, Zurückhaltungen und Vorsicht und weit und breit kein Vertrauen.

Dann begann ich darüber nachzudenken, nachzufühlen und aus der Vergangenheit zeigten sich viele Situationen, in denen ich Menschen traute und erleben musste, dass oft versprochene oder vereinbarte Dinge einfach nicht eingehalten wurden. Vielleicht geschah das aus Unwissenheit, vielleicht aus Nachlässigkeit, vielleicht aus Unbedachtheit, egal warum. Es wurde etwas gebrochen, was eigentlich anders vereinbart war.

Was ist das eigentlich, Vertrauen?

In der Regel bedeutet Vertrauen ein gegenseitiges Verhältnis der Zuverlässigkeit.

Das Wort ‚trauen' steckt da offensichtlich drin. Das heißt im Klartext, dass ich jemandem oder etwas Anderem trauen kann, dass ich, eins zu eins, das Gesagte annehme und es genau so verstehe und annehme, wie es gesagt wurde. An dieser Stelle natürlich vorausgesetzt, dass die Interpretationsmöglichkeiten und auch Missverständnisse ausgeschlossen wurden.

Wenn sich also jemand mit mir zu einer bestimmten Uhrzeit an einem bestimmten Ort verabredet, ist das eine klare Vereinbarung, an der es einfach nichts zu deuten gibt.

Ich traue, vertraue darauf, dass diese Verabredung auch so eingehalten wird.

Eine kleine Anekdote am Rande

Ich erinnere mich an die Situation, als ich das erste Mal „verarscht" wurde.

Jemand sagte etwas zu mir und ich traute dieser Aussage. Dann lachte diese Person und meinte, ich sei gerade „verarscht" worden.

Jemand erzählt mir etwas, ich nehme das Gesagte vertrauensvoll an, und dann stellt sich heraus, dass diese Person mir eine Unwahrheit erzählte, also log, und ich war dann der Dumme, eben der Verarschte!? Ich habe das nie verstanden!

Was dann zur Folge hatte, dass sich in bestimmten Situationen immer ein gewisses Misstrauen verfing und eine Vorsicht dem Gesagten gegenüber.

Aber die Erlebnisse mit einigen meiner Mitmenschen gingen dann weiter.

Ein sehr guter Freund bat mich, eine Bürgschaft für ihn zu übernehmen und ganz vertrauensvoll willigte ich ein mit dem Ergebnis, dass ich später mehrere Tausend Mark für ihn zahlen musste. Ein anderer guter Freund erzählte mir nach Jahren, dass er damals mit meiner Freundin zweimal geschlafen habe, und sie natürlich auch mit ihm.

Naja, da gab es noch mehrerer solcher Erlebnisse und jeder von uns hat da seine Geschichten.

Aber dann richtete ich meine Aufmerksamkeit auf einen anderen Aspekt.

Ich schaute auf das Leben selbst, auf seine Natürlichkeit. Ja, das gute Leben.

Die Dinge, die sich da ereignen, geschehen aus Bedingungen, aus Ursachen und Wirkungsprinzipien, einige sind kalkulierbar, andere nicht.

Und doch hatte ich noch nie das Gefühl, dass das Leben mich „verarscht", belügt oder mir etwas vormacht. Und falls sich dieses Gefühl doch manchmal leise einschlich, hatte ich nur Informationen übersehen, die aber schon immer da waren. Man könnte sich am Ende des Lebens „verarscht" fühlen, weil die Jugendlichkeit den Körper langsam verlässt, der sichere Tod mir gewiss ist, und das Leben anklagen, dass es jetzt so ist, wie es ist. Aber die Informationen, dass es so kommen wird, waren immer verfügbar, überall und immer. Was ich mit Informationen mache, ist meine Sache.

Das Leben zeigt sich manchmal in der Härte seiner existentiellen Anforderungen und seiner klaren Soheit, aber es macht mir nichts vor, ist nie zweideutig und immer sehr direkt.

Erst wenn Menschen ins Spiel kommen, wird es kompliziert, wir Menschen mit unserem Wollen, den Instinkten, den Gefühlen, den vielen Impulsen, unserem Mögen und Nichtmögen und den vielen Kräften in uns, die wir organisieren müssen und die unser Verhalten mitbestimmen.

Warum soll ich eigentlich vertrauen und was macht es mit mir, wenn ich das tue?

Wie viel Wert hat eine Aussage oder ein Versprechen eines anderen, wenn er oder sie dann von inneren Kräften bewegt etwas Gegenteiliges macht?

Kann ich mir eigentlich selbst trauen, wenn ich ein Versprechen ablege, in welcher Form auch immer? Habe ich nicht schon selbst genauso gehandelt, wie ich es mir von anderen nicht wünschte? „Ja, habe ich", ist die Antwort.

Und hier werden wir in die eiskalte Wahrheit des Lebens geworfen, dass sich alles, jederzeit auf Grund von neuen Umständen, Bedingtheiten, Situationen, Gefühlen, Gedanken, Impulsen verändern kann. Im Fluss des Lebens gibt es kein Anhalten der Ereignisse, keine Erstarrung, alles bewegt sich in seiner Natürlichkeit.

Wem oder was soll ich dann eigentlich vertrauen?

Der Aussage meines Partners, dass er immer bei mir bleiben wird? Oder dem Versprechen: „Ich werde dieses oder jenes für dich tun"?

In dem Moment, wo das ausgesprochen wird, mag das auch so gefühlt werden und ist wohl auch so gemeint, aber es gibt hier keine Verlässlichkeit darüber, dass diese Aussage morgen auch noch Gültigkeit hat.

Dann kann ich den Kreis der Vertrauenswürdigen etwas einkreisen und die Erfahrungen, die ich mit ihnen hatte, hinzuziehen. Es gibt ein paar wenige, denen ich mein ganzes Geld geben würde, ohne einen Beleg dafür zu fordern. Anderen würde ich noch nicht einmal zwanzig Euro leihen, es sei denn, ich möchte aus rein akademischen Gründen ein Experiment machen, um vielleicht eines Besseren belehrt zu werden.

An dieser Stelle kommt mir die amerikanische Comicserie ,Charlie Brown, Lucy und der Rugbyball' in den Sinn: Lucy nimmt diesen Ball, hält ihn mit einer Hand auf den Rasen gedrückt und sagt zu Charly, dass er ihn ruhig schießen könne. Hier muss angemerkt werden, dass Lucy den Ball immer wegzog, wenn Charly ihn wegschießen wollte, er also ins Leere trat und hinfiel. Aber Lucy kommt immer wieder und verspricht, ihn diesmal nicht wegzuziehen. Charly hat zwar seine berechtigten Zweifel, lässt sich aber immer wieder überreden, es wieder zu machen, nimmt Anlauf, will gegen den Ball treten und Lucy zieht den Ball natürlich wieder weg und Charly fällt auf die Nase.

Tja, so ist es auch manchmal im Leben.

Aber haben wir eine andere Chance, als es immer wieder zu probieren?

Weite ich meine sogenannten ,schlechten' Erfahrungen nicht auch manchmal auf andere Menschen aus, die mit den Ursachen meines langsam gewachsenen Misstrauens nichts zu tun haben? Möchte ich in Verbitterung und Opferhaltungen hängen bleiben? Mich zurückziehen, erstarren und immer einen misstrauischen Blick auf alles haben?

Oder gibt es noch einen anderen Blick darauf, von einer ganz anderen Seite?

Wenn ich im Misstrauen hängen bleibe, werde ich immer zurückgezogen bleiben, werde immer einen zweiten, zweifelnden Gedanken haben und nehme mir selbst somit die Möglichkeit, neue Erfahrungen zu machen.

Ja, es gibt diese Menschen, denen ich vertraue, und das konnte ich mir nur deshalb bewahren, weil ich diese Erfahrungen mit ihnen machte, die mich haben trauen lassen.

Ich las mal den Satz: „Vertrau auf Gott, aber binde dein Kamel fest".

Hier wird meines Erachtens auf die Möglichkeit hingewiesen, dass immer alles anders kommen kann, auch wenn ich weiterhin vertraue. Vielleicht auch, dass ich an bestimmten Stellen gewisse Vorkehrungen treffen muss. Aber das wird dann eine Entscheidung sein, die ich immer neu treffen werde, je nach Situation und den jeweiligen Menschen, mit denen ich gerade zu tun habe.

Wenn ich aber bereit bin, mich dem Leben hinzugeben, mit allem, was es mir anbietet, auch der Möglichkeit, enttäuscht zu werden, dann lasse ich die Kräfte des Lebens wirken und vertraue auf die Richtigkeit der Ereignisse, egal, welche Dinge da geschehen.

Auf sich selbst aufpassen

Ein Akrobat erklärte seiner Schülerin ein neues Kunststück: „Ich halte die Bambusstange auf meinem Kopf und du kletterst da hinauf. Während du hinaufkletterst, passe ich auf dich auf, und du passt auf mich auf. So werden wir unseren Lebensunterhalt verdienen."

„Nein Meister!", antwortete die Schülerin. „Wenn ich hinaufklettere, passe ich auf mich auf und du passt auf dich auf. So werden wir unseren Lebensunterhalt verdienen."

Als Buddha von dieser Unterhaltung hörte, lobte er die Antwort der Schülerin.

Erwartungen

Ohne Erinnerungen gibt es keine Erwartungen. Erwartungen erhoffen ein Wiedererleben einer gleichen oder ähnlichen Situation aus der Vergangenheit, in einem neuen Moment, oder entstehen aufgrund von Vorstellungen, wie etwas zu sein hat.

Das echte, neue Erleben kann dann aber nicht empfangen werden, weil der Stuhl schon von der Erwartung besetzt ist. Und so rauschen die neuen Erlebnisse direkt an einem vorbei und können einfach nicht empfangen werden, weil die Erwartung das Empfangen verhindert.

So ist man auch nicht mehr in dem erlebten Moment. Auch hier die Einladung, sich auf diesen Moment zu besinnen, ins Hiersein zu kommen, egal, welches Erleben dieses Hiersein einem anbietet. Denn das ist alles, was es gerade gibt, das, was das momentane Erleben einem anbietet.

Erwartungen führen bei Nichterfüllung immer zur Enttäuschung, es sei denn, sie werden durchschaut und als das gesehen, was sie sind.

Werden sie nicht durchschaut, bleiben die Enttäuschung und die damit einhergehenden Gefühle, wie Verlust, Ärger, Trauer oder die Angst, etwas versäumt zu haben, oder man macht sich selbst, anderen und dem Leben Vorwürfe.

Der Satz, schon oft gehört, schon oft zitiert: „Akzeptieren, was ist", ist leicht gesagt, und bei genauerer Betrachtung eröffnet sich eine sehr tiefe Bedeutung dieser Einladung: das Jasagen zu dem ‚Hier', egal, welche Farbe es trägt. Egal, ob angenehm oder unangenehm, aber es wird in diesem Moment erlebt, in diesem Jetzt. Das ist alles, was es gerade gibt. Alles andere entspringt der Fantasie, der Vorstellung oder den Erwartungen.

Wie oft nehmen die Gedanken einen mit in die Zeit, und Zeit ist nie jetzt! Zeit ist immer messbar und vergleichbar, der reine gegenwärtige Moment ist nicht messbar. Womit auch?

Aber gegenwärtiges Erleben ist vergleichbar, nämlich gedanklich mit vergangenem Erlebtem.

Gedanken sind immer alt, so sagt Krishnamurti, denn sie schöpfen aus einem Fundus akkumulierter Erinnerungen, und die sich darauf aufbauenden Vorstellungen können wieder eine Fantasie über die Zukunft zusammenbrauen.

Wenn ich akzeptiere, was ist, ohne es anders haben zu wollen, mache ich den Weg frei für neues Erleben. Es sind die Situationen gemeint, wo ich nicht eingreifen kann.

Es gibt Ausnahmen: Ich muss nicht akzeptieren, dass mich jemand schlecht behandelt oder dass mein Kühlschrank leer ist oder dass die Bäume im Garten vertrocknen.

Hier gibt es dann etwas zu tun, aber dafür sorgen meine innere Weisheit und meine Fähigkeit zu wissen, was zu tun ist, welche Aufgaben zu erfüllen sind.

Dem Leben ist es egal, welche Haltung ich den unausweichlichen Ereignissen gegenüber einnehme. Ich kann mich sträuben, dagegen kämpfen, nicht einverstanden sein, mich ärgern. Trotzdem werde ich manchmal krank, verliere meinen Job, der Partner verlässt mich, das Wetter ist anders, als ich es mir wünsche, der Urlaub ganz anders als letztes Jahr, und überhaupt, nichts ist so, wie ich es erwartet habe, und irgendwann klopft der Tod an meine Tür. Welche Haltung werde ich dann einnehmen?

Nieselregen auf dem Berge LU
und wilde Wellen auf dem Che-chiang.
Solange Du nicht dort gewesen,
wirst Du Dich darum grämen.
Warst Du erst dort
und wendest wieder heim den Schritt,

wie nüchtern sehen dann die Dinge aus:
Nieselregen auf dem Berge LU
und wilde Wellen auf dem Che-chiang.

SU TUNG-P'O

Puh Ruh, das Wissende

Ein Meditationsmeister aus Nordostthailand wurde einst gefragt: „Wenn es aus buddhistischer Sicht kein ‚Selbst' und kein ‚Ich' gibt, wer oder was ist es dann, das diese Erfahrungen macht und darüber Kenntnis hat?"
Seine Antwort war: „Puh Ruh, es ist die Qualität in uns, die weiß!"

Ganz egal, in welchen geistigen oder gefühlsmäßigen Zuständen Sie sind, es gibt immer etwas in Ihnen, das diese Zustände kennt. Egal, welches Gefühl, welcher Gedanke, es gibt immer eine gewisse Bewusstheit oder ein Gewahrsein über dieses Gefühl oder jenen Gedanken.

Sie wissen, dass Sie jetzt gerade dasitzen und das hier lesen. Das wissen Sie einfach.

Vielleicht wissen Sie ein Sekunde später, dass eine Tür zuschlägt.

Die Erfahrung ist eine andere, das Wissen an sich ist immer gleich.

Was auch immer Sie erleben oder erfahren, es gibt immer ein Wissen über das, was Sie gerade erleben. Egal, ob es angenehme oder unangenehme Empfindungen sind, Sie wissen was Sie gerade fühlen. Das Wissen ist wie ein Raum und das Erlebte und Gefühlte ist wie die Einrichtung des Raumes. Das trifft auch auf alle anderen geistigen Zustände zu.

Es gibt jemand, der weiß oder Kenntnis über etwas hat: *Es ist das, was weiß.*

Also, egal in welchem Zustand Sie sich befinden, es gibt immer einen Wissenden, einen Kenner dieses Zustandes. Das Wissen an sich oder die Wissensfähigkeit ändert sich überhaupt nicht. Ein Raum ändert sich auch nicht, nur weil Sie andere Möbel reinstellen. Der Raum an sich bleibt.

Egal, welche Erfahrungen gemacht werden, es gibt immer ein Wissen über diese Erfahrung. Das Wissen an sich ist niemals durch die Erfahrung bedingt, es ist einfach nur ein Wissen, eine Kenntnis einer Erfahrung. Andere Worte dafür sind Gewahrsein, Bewusstheit, Aufmerksamkeit oder Achtsamkeit. Das reine, klare Wissen, das bei jeder Erfahrung anwesend ist, ist nicht verursacht durch diese Erfahrung!

Wissensfähigkeit wird weder verändert noch zurechtgerückt, weder zerstört noch durch irgendeine Erfahrung verbessert. Die reine Kenntnis einer Wahrnehmung wird nicht durch die Wahrnehmung verändert. Die Wissensfähigkeit, egal, in welcher Situation, ist immer anwesend, ist aber niemals bedingt. Das reine Wissen ist immer da.

Wenn Sie erkennen, dass Sie der Wissende sind, erkennen Sie, dass sich der Wissende nie verändert. Es sind die Dinge, die der Wissende erlebt und wahrnimmt, die sich verändern.

Dieses Wissen an sich hat keine Substanz und keine Form. Es ist einfach nur bewusstes Wissen.

„Das ist das, was du bist. Das ist deine letztendliche Essenz", behaupten manche Weisen.

Wenn Sie sich bewusst sind, dass Sie immer dieser Wissende sind, dann ist das perfekte Achtsamkeit, die irgendwann in Weisheit mündet und die Dinge sieht, wie sie wirklich sind.

Raum und Geist

Ich vergleiche Raum mit unserem Geist, was mit der Betrachtung über den *Puh Ruh* korrespondiert. Raum bewegt sich nie irgendwohin! Raum *ist* einfach nur. (Das Wissende ist auch einfach nur.) Raum hat die Qualität von Räumlichkeit, ist empfangsbereit. Nie bewegt sich Raum an sich.

Aber Dinge bewegen sich durch den Raum. Menschen, Tiere, Gegenstände bewegen sich durch den Raum. Der Wind bläst durch den Raum. Manchmal trägt er Blätter herein, Licht und Schatten, Helligkeit und Dunkelheit. Für all das stellt der Raum seine Räumlichkeit zur Verfügung, aber der Raum an sich bleibt immer unbewegt.

Wir haben diese Redensart, dass wir unseren Geist, den geistigen Raum, ruhig und still machen wollen. Aber wie kann ich etwas ruhig machen, was eigentlich schon ruhig ist?

Es sind die Bewegungen, die da stattfinden und einen meinen lassen, der Geist sei nicht ruhig.

Wenn im Geist viel Bewegung ist, habe ich das Gefühl, der Raum sei stark bewegt.

Aber es sind nur diese verschiedenen Gedanken, Gefühle, Vorstellungen, Meinungen, die sich da bewegen.

Dann gibt es noch all diese Dinge, die wir über unsere Sinne wahrnehmen. Sie sammeln sich in unserem Geist und dieser nimmt eine bestimmte Haltung zu dem Wahrgenommenen ein.

Wir beziehen uns in der Regel immer zuerst auf das Offensichtliche.

Wenn ich einen Raum betrete, beziehe ich mich meist auf das, was offensichtlich ist: die Menschen darin, die Einrichtung, die Größe, die Form und Farbe des Raumes. Sehr selten beziehe ich mich auf die Räumlichkeit des Raums an sich. Denn sie hat weder Farbe noch Form usw. und doch ist ohne die Räumlichkeit ein Empfangen aller anderen Dinge nicht möglich.

Ähnlich ist es mit unserem geistigen Raum.

Wenn ich meine Aufmerksamkeit von meinen Gedanken, diesen ‚Bewegungen' abziehe, kann ich den Raum an sich erleben. Wie komme ich aber in den Raum zwischen den Gedanken? In den Zwischenraum von Gefühlen, Meinungen, Vorstellungen usw.?

Der erste Schritt könnte sein, diese Behauptung über Raum/ Geist für sich selbst zu erforschen, sie zu untersuchen und damit zu experimentieren.

Hier kommt Meditation ins Spiel: die Fähigkeit des Geistes, Achtsamkeit auf eine Sache zu lenken und sie dort zu halten. Wenn mir das für eine Weile gelingt, werde ich feststellen, dass andere Bewegungen für diese kurze Zeitpanne nicht mehr da oder weit in den Hintergrund gerückt sind. Gedanken, Gefühle oder Geschichten finden dann keine Eintrittslücke mehr, um den Geist zu bewegen. Deswegen fühlt sich Meditation so entspannend an, wenn nur noch eine Sache, wie zum Beispiel der ruhige Atem, im Vordergrund steht.

Der geistige Raum übernimmt diese Qualität des Atems. Manchmal übernimmt er auch die Qualität eines Konfliktes, der Angst, der Sorge oder der Depression.

Ich habe also die Möglichkeit, die Einrichtung meines geistigen Raums zu gestalten.

Dem Raum selbst ist das alles egal. Er bleibt letztendlich unberührt.

Denn Raum ist nur räumlich mit Qualitäten von Empfänglichkeit, Stille und Leere.

Ich kann auch während der Meditation einen Gedanken deutlich denken, wie zum Beispiel: ‚Ich bin ein Mensch'. Und nach jedem Wort eine Pause machen, mich in die Lücke zwischen zwei Wörtern begeben und dort verharren und bemerke, wie sich ein nächster Gedanke hereindrängt. Vielleicht kann ich mich in der Lücke eine Weile ausruhen und diese Lücken größer und weiter werden lassen.

NICHTS SEIN UND SOMIT ALLES SEIN

Sich nicht einschränken auf eine Identität.
Freiheit, sich zu bewegen.
Wenn alles geht, bleibt doch noch etwas.
Es hat keinen Namen und es hat keine Form.
Es ist unwandelbar.
Es kann gefüllt werden, aber auch wieder geleert.
Die Leere bleibt, ‚Füllungen' gehen.
Wer bin ich?
Leere und unbesetzter Raum.

Alles gehen lassen, was den Tod in sich birgt,
alles, was geboren wurde, muss sterben.
Jeder Gedanke, jedes Gefühl,
jede Vorstellung und jede Geschichte.

Hier bin ich.
Davor alles nur Geschichten
Danach alles nur Geschichten.
Dazwischen Freiheit und leerer Raum.
Es gibt nichts hinzuzufügen.

Gehenlassen – Gehenlassen – Gehenlassen ...

Wie geht's denn so?

(... auch mit alledem, das Sie bislang gelesen haben?)

Eigentlich ist das eine recht unschuldige Frage. Jeden Tag hören wir sie und jeden Tag stellen wir sie. Naja, und dann ist sie so im Raum. Es gibt dann diese schnellen Antworten, mit denen man eigentlich meistens rechnet. Das kennen wir alle. Aber genau genommen, und wenn man diese Frage ernst nimmt, ist es eine Aufforderung, den Bewusstseinsraum zu erforschen und die ,Dinge' zu finden, die sich dort gerade aufhalten.

Meist zielt diese Frage auf das momentane Wohlbefinden ab.

Tja, wie geht's denn so?

Wie schnell wechseln sich diese Gefühle und Gedanken in unserem Geist ab, fast im Sekundentakt. Man kann eine kurze Momentaufnahme machen, doch welchen Wert hat diese Antwort zwei Minuten später, wenn ich grade an ein anderes Ereignis denke und die damit einhergehenden Gefühle und Gedanken sich wieder wandeln?

Zuverlässig ist eine Antwort nie wirklich.

Aber dann gibt es ja auch diese Grundstimmung, mit der wir durch das Leben laufen. Vielleicht eine Zufriedenheit mit dem, was gerade ist. Oder ein Konflikt färbt mein Wohlbefinden, und ab und zu fühle ich Erleichterung, weil ich gerade eine schöne Blume sehe.

Aber rein konventionell, wenn diese Frage gestellt wird, will der Fragesteller Details meist nicht wissen. Der Antwortende könnte sich als Lügner sehen, denn irgendwie weiß er, dass er nicht wirklich die volle Spannbreite des Erlebten abdeckt, wenn er eine kurze Antwort gibt.

Sehr sensible Menschen können alleine wegen dieser Frage ins Grübeln geraten und mangels zufriedenstellender Aussagen die ganze Verwirrtheit erkennen, die manchmal in ihrem Geist herrscht. Vielleicht wird auch deutlich, dass ich eigentlich gar nicht sagen kann, wie's mir grade geht.

Die Antwort bezieht sich doch immer nur auf die sich wechselnden Inhalte des Bewusstseins, und somit ist eine Antwort nie recht zufriedenstellend und nur kurzzeitig gültig.

Denn: „Vorhin ging's noch, und jetzt grade geht es auch noch, aber irgendwie anders." „Eigentlich ganz gut, aber dann doch nicht mehr so richtig gut."

Der Geist erhält mit dieser Frage auch eine Aufforderung, in die Zeit zu reisen.

Inwieweit bestimmen die Ereignisse von gestern oder morgen mein Wohlbefinden, jetzt?

Ja, manchmal kann mich ein einzelner Gedanke die Hölle oder den Himmel spüren lassen.

„Wie geht's denn so?" „Mir geht es wahr!"

Was für eine seltsame Antwort, könnte man meinen. Aber ja doch, es geht mir wahr.

Und was wahr ist, ist eben gerade vorhanden. Jetzt in diesem Moment.

Wahr heißt aber nicht, dass es etwas Endgültiges ist. Was grade da ist, ist eben grade wahr, aber ohne Bestand.

Die nächsten Geistinhalte, die sich dann wieder aufgrund von verschiedenen Bedingungen einstellen, sind auch wahr, weil sie einfach da sind, was natürlich nicht heißt, dass sie die Wahrheit schlechthin darstellen. Man kann sich auch in der Unwahrheit wahr fühlen.

Vielleicht nehme ich in einer Konfliktsituation mit einem anderen eine Stellung ein, die sich für mich sehr wahr anfühlt, obwohl ich nach anderen Maßstäben total im Unrecht bin.

Aber es fühlt sich wahr an, im Sinne von authentisch.

Vorbeischauend an allen Geistesinhalten, die sich so schnell abwechseln, ist es nicht leicht, eine für alle zufriedenstellende Antwort auf diese eigentlich unschuldige Frage zu geben.

Vielleicht ist die Antwort: „Mir geht es leer", oder, „Mir geht es frei", eine wirklich angemessene, denn sie weist darauf hin, dass es einen leeren Raum in uns gibt und die ‚Füllungen' oder ‚Färbungen', das heißt, die verschiedenen Gefühle, Gedanken, Meinungen und Persönlichkeitsanteile als durchlaufende Posten gesehen werden.

Mal kommt dies und mal kommt das, aber dies und das gehen auch wieder.

Die empfangsbereite Leere des Geistes aber bleibt.

Dann stehen sie sich gegenüber, die Fragestellerin und der Antwortgebende in ihrer Leerheit, in ihrer Freiheit, und es gibt da nichts mehr hinzuzufügen, vielleicht doch etwas, eine kleine Ergänzung von Rumi:

> „Jenseits von richtig und falsch liegt ein Ort,
> dort treffen wir uns."

Wer fängt den Ball?

Ein Ball wird in einen leeren Raum geworfen. Was passiert?

Er folgt seiner Flugbahn mit der aufgewandten Energie des Werfers. Auch die Richtung wurde vom Werfer vorgegeben. Irgendwann landet der Ball auf dem Boden, hüpft noch etwas hin und her und bleibt irgendwo liegen. Dann: Stille.

Wieder wird ein Ball in einen Raum geworfen. Auch hier bestimmt der Werfer die Flugbahn, die Geschwindigkeit und die Richtung.

In diesem Raum stehen nun verschiedene Persönlichkeitsanteile, die verschiedene Namen tragen: die Mitfreude, der Neid, die Sorge, die Eifersucht, die Hoffnung, die Perfektion.

Auf dem Ball steht auch ein Name: Erfolg.

Und als der Ball so seine Bahn fliegt, schwupp, hat die Mitfreude ihn auch schon gefangen. Sie schaut darauf und liest Erfolg. Die Mitfreude spürt sich plötzlich selbst und wächst. Sie geht mit der Freude über den

Erfolg eines anderen Menschen in Resonanz, strahlt in ihrer eigenen Qualität, sie muss nichts tun, um zu sein.

Es wäre aber auch denkbar, dass der Neid diesen Ball fängt. Er liest den Namen des Balles und fängt an, sich selbst zu spüren. Es wird kühl und dunkel, einsam, und andere Qualitäten gesellen sich dazu, der Ärger, die Missgunst, und es entwickeln sich weitere Gedanken und Gefühle um den Ball, den Werfer und den, für welchen er bestimmt war.

Was würde die Sorge sagen oder fühlen, wenn sie ihn fangen würde? „Wird sie auf der Erfolgsspur bleiben können? Kann sie das Erreichte wieder verlieren? Wird es Neider geben?"

Oder der Perfektionist: „Ja, es ist alles gut und schön. Aber so richtig gut ist es nicht, nein! Womit sie grade Erfolg hatte, ist weit von meinem Anspruch entfernt. Ich wundere mich, dass sie überhaupt damit Erfolg hatte. Das nächste Mal muss es besser werden, mehr als nur hundert Prozent".

Und jede Stimme des Selbst wird ihre ganz eigene Reaktion auf diese Qualität haben, die auf dem Ball steht.

Der Ball kann aber auch andere Namen tragen: „Du bist schuld!" „Du kannst das nicht". „Du kannst nicht lieben". „Du bist unverantwortlich". „Du bist wertlos".

Und viele, viele mehr.

Wer fängt den Ball?

Und auch hier, inwieweit lässt sich der Fänger des Balls ‚färben' von der daraufstehenden Qualität? Wie selbstsicher ist er? Ihn einfach fallen lassen? Ihn nicht beachten? Oder nach etwas Überlegung eine angemessene Haltung dazu einnehmen?

Es passiert so schnell, dass wir diese verschiedenen Bälle fangen und sie festhalten.

Dann wird unser Bewusstseinsraum gefärbt, genau mit der Qualität, die auf diesem Ball steht.

Man kann die Frage stellen: Welcher Teil tut mir hier eigentlich gut, tut anderen gut, welcher nicht? Welcher ist heilsam und verbindend, und welcher ist unheilsam und trennend?

Nein, keiner dieser Teile wird in den dunklen Keller gesperrt. Auch nicht der unheilsame oder unerwünschte. Ist er erst einmal im Bewusstseinsraum angekommen, wird er gesehen, beleuchtet, erkannt, und ja, auch gewürdigt.

Dann ist das Unbekannte bekannt und kann nicht mehr so leicht unbemerkt sein Spiel spielen.

Wie wäre es eigentlich, wenn niemand den Ball fangen würde …?

DER MENSCH GLEICHT EINEM GÄSTEHAUS
(VON RUMI)

Jeden Tag neue Gesichter
Augenblicke der Freude,
der Niedergeschlagenheit,
der Niedertracht,
alles unerwartete Besucher.

Heiße sie willkommen,
selbst den puren Ärger,
der die Einrichtung Deines Hauses
kurz und klein schlägt.
Vielleicht räumt er Dich leer
für eine neue Freude.
Behandle jeden Gast respektvoll!

Den finsteren Gedanken,
die Scham, die Bosheit.
Begrüße sie mit einem Lächeln
an der Tür
und bitte sie herein.

Danke jedem für sein Kommen.
Denn sie alle haben Dir etwas
Wichtiges mitzuteilen.

Atammayata,
das wiederentdeckte Wort

Wie wäre es eigentlich,
wenn niemand den Ball fangen würde ...?

Im Palikanon entdeckte mein Lehrer Ajahn Buddhadasa dieses Wort
und sagte, dass in ihm die Bedeutung der gesamten buddhistischen
Lehre enthalten sei, obwohl dieses Wort in den gesamten buddhistischen
Schriften nur zwei oder dreimal vorkommen würde.

Er aber sah in diesem Begriff die Kernaussage der ganzen buddhistischen Lehre.

In der Zeit meines Aufenthaltes in seinem Kloster hielt er über dieses
Wort mehrere Vorträge.

Atammayata ist ein Wort aus der Pali-Sprache.

Der Buchstabe *A* bedeutet hier eine Verneinung.

Tam heißt so viel wie machen, bewirken.

Maya sind alle Gestaltungen, die es gibt, Erscheinungsformen der Welt,
die unentwegt entstehen, verweilen, vergehen.

Wird *Ta* an ein Wort gehängt, ist es der Zustand von etwas.

Mit anderen Worten: *A* = nicht, *tam*= machen, *maya* = Gestaltungen,
ta = Zustand.

Und so hat Ajahn Buddhadasa dann die Bedeutung dieses Wortes
beschrieben: Mein Geist wird von den Erscheinungen oder Gestaltungen dieser Welt nicht mehr in die verschiedenen Zustände gedrängt und
hineingezogen.

Oder: Mein Geist wird sich in den Erscheinungen der Welt nicht mehr
verfangen, verlieren und dort hängenbleiben.

Natürlich kommen wir als menschliche Wesen nicht darum herum, mit den Dingen der Welt in Kontakt zu treten und in der Welt zu sein. Hier geht es nicht darum, dass wir in der Welt sind, sondern *wie* wir in der Welt sind und wie wir den Erscheinungen dieser Welt begegnen.

Ajahn Buddhadasa wies immer darauf hin, dass es der Kern der buddhistischen Lehre sei, an nichts hängenzubleiben. Dieses Wort ‚hängenbleiben' beinhaltet aber noch mehr in seiner grundlegenden Bedeutung. Worte vermitteln nur das, worauf sie hinweisen, das wissen wir alle, und doch müssen wir sie als Vermittler von Inhalten, Hinweisen und Lehren benutzen.

Ich möchte hier *Atammayata* nach meinem eigenen Verständnis erläutern, allerdings nicht losgelöst von der Bedeutung, die Ajahn Buddhadasa uns Zuhörern mit auf den Weg gab.

Wenn ich morgens aufwache, geht es schon los. Die ersten Gedanken stellen sich ein, Gefühle gesellen sich dazu, Meinungen, Vorstellungen, Zuneigungen und Abneigungen, und schon bin ich wieder mittendrin in der Welt der Gestaltungen, und mein Geist ist in Bewegung, wird bewegt, gedrängt, gestoßen und die ursprüngliche Ruhe ist dahin.

Ich komme nicht darum herum, mit den Inhalten meines Geistes und den Erscheinungen der Welt in Kontakt zu treten. Ob ich will oder nicht, ich werde zum Empfänger all dieser Dinge: Ich muss meinen Körper fühlen, wenn ich aufwache, muss den Wecker hören, die Dinge sehen, die es da gibt, und dann die Gedanken haben, die sich einstellen, Gefühle fühlen, die sich melden. Ich muss die Persönlichkeitsanteile organisieren, die langsam, aber sicher in mir wach werden.

Ich komme nicht darum herum, die Welt mit ihren mannigfaltigen Angeboten zu empfangen. Dieses Empfangen ist einfach nur der Kontakt mit der Welt durch meine Sinne. Darauf folgt die Reaktion auf das Empfangene in Form der Gefühle und den sich anschließenden Gedanken.

Sobald ich mich in den Geschichten verliere, ist *Tammayata* am Wirken. (ohne *A*)

Denn der Buchstabe A macht den ganzen Unterschied.

Dann kommt ein Anruf: „Herr Jordan, Ihr Auto wurde gestern abgeschleppt."

Das ist erst mal nur eine Information, und es gibt hier etwas zu tun.

Mein Sohn bringt die erste 5 aus der Schule mit nach Hause. Wie werde ich reagieren?

Ich erfühle einen Schmerz in der rechten Brust, ein abgesagter Termin und vieles mehr, was der Tag mir anbietet.

Jeder von uns hat hier seine Geschichten, über den ganzen Tag verteilt, denn das Leben lässt einen nicht in Ruhe.

Wie wäre es, allen diesen Ereignissen mit *Atammayata* zu begegnen?

Mit *Atammayata* mache ich hier, was zu tun ist, ohne ärgerlich zu werden, ohne zu schimpfen oder zu lamentieren oder die verschiedenen Persönlichkeitsanteile zu unterhalten, und hänge nicht wieder in der reaktiven Gefühlswelt, und wenn doch, dann begegne ich auch dem mit *Atammayata*, sobald ich es bemerke.

Es geht nicht darum, zu einem gefühllosen Menschen zu werden, denn oft spüren uns Menschen erst, wenn wir auch gefühlsmäßig reagieren. Aber wie oft bleibe ich in den verschiedenen Gefühlen oder Gedanken hängen, auch wenn der Auslöser schon lange vergangen ist? Es geht eher darum, Gefühlen und Persönlichkeitsanteilen zwar Raum zu geben, aber ihnen mit *Atammayata* zu begegnen.

Besonders Kinder brauchen unsere authentischen Reaktionen, um eine vollständige Sicht auf menschliches Verhalten zu bekommen und eine Orientierung in der Welt zu haben.

Stellen Sie sich vor, dass Eltern ihren Kindern immer nur freundlich, gleichmütig, gelassen und liebevoll begegnen würden: Ich denke, diese Kinder wären sehr schlecht auf die Welt vorbereitet, mit einem einseitigen Erleben verschiedener Lebenssituationen.

Denn auch hier gilt der Satz: Ich habe all diese Reaktionen, aber ich bin sie nicht.

Und so hänge ich nicht lange an diesen Gefühlen oder Persönlichkeitsanteilen fest, wenn sie anspringen und ihren ‚Job‘ erledigen.

Die meisten von uns reagieren doch öfter gefühlsmäßig, spontan und impulsiv, mit Ärger, Hilflosigkeit, Ungeduld und so weiter, als es uns lieb ist.

Diesen Kräften können wir mit *Atammayata* begegnen.

Das heißt, ich erlebe diese Gefühle, bemerke sie, fühle sie, bleibe aber nicht an ihnen hängen.

„Diese Geschichte, dieser Gedanke oder dieses Gefühl wird mich nicht länger als nötig beanspruchen und in die verschiedenen Zustände verleiten.“

So gut es halt geht!

Ich brauche hier *Atammayata*, damit eine Sache nicht ewige Wellen schlägt.

Wenn ein Stein ins Wasser fällt, gibt es ‚ewige‘ Wellen. Wenn ein Stein in Honig fällt, gibt es andere Wellen. Es macht ‚Plopp‘, und fertig ist die Sache.

Mein Kind erlebt mich dann in der Vollständigkeit meines Seins, erlebt mich als echt und authentisch und auch verlässlich. Mein Sohn kann sich darauf verlassen, dass ich in bestimmten Situationen laut werde oder mit ihm schimpfe, dass ich manchmal ärgerlich, ungeduldig und traurig bin und vieles mehr.

Aber auf der anderen Seite erlebt er auch den liebvollen, umsorgenden, Halt gebenden, beschützenden, verständnisvollen und verlässlichen Papa.

Er erlebt mich in einer gefühlten Vollständigkeit meines Seins, und ich mich selbst auch.

Aber man kann sich auch in heilsamen Dingen verstricken.

Die sogenannten ‚Gutmenschen‘, die es sich scheinbar zur Aufgabe gemacht haben, es immer allen recht zu machen, immer alles gut machen zu wollen, um sich selbst und der Welt zu gefallen oder auch um einfach etwas Gutes zu tun. Aber auch hier kann man hängenbleiben, an dieser Vorstellung, jemand Bestimmtes zu sein und sein Handeln ständig danach auszurichten, auch wenn man es grade gar nicht will oder kann.

Was steht dem Tun gegenüber? Vielleicht mehr das einfache Sein und Empfangen, das Gegenwärtigsein mit dem, was ist. Die innere Weisheit weiß, was zu tun ist, und das angemessene Reagieren geschieht, direkt, spontan und manchmal absichtslos.

Willkommen im menschlichen Bereich

Wir haben alle diese ‚Füllungen des Bewusstseinsraums‘, und als solche sollten sie verstanden werden. Und um es nochmals und immer wieder ganz deutlich zu machen: Es gibt einen Raum und es gibt darin ‚Dinge‘. Die Dinge sind nicht der Raum! Geistige Inhalte sind nicht der Geist. Alle diese Inhalte entstehen durch den Kontakt mit der Welt.

Es sind die mannigfaltigen Geschichten, die wir uns selbst erzählen.

Wenn wir zum Beispiel Sorgen und Ängste betrachten, dann sehen wir, dass diese geistigen Bewegungen in die Zukunft zielen und eine bestimmte geistige Qualität fühlen lassen. Aber es sind letztendlich nur gedankliche Geschichten, die uns diese Qualitäten spüren lassen.

Schauen wir auf die andere Seite der Medaille, die Hoffnung, fühlen wir eine andere Qualität. Sowohl Sorgen als auch Hoffnungen sind einfach nur gefühlte, erdachte Geschichten, wobei weder die eine noch die andere der Realität entspricht.

Sorgen malen schwarz, Hoffnungen malen bunt, die Heimat beider ist die Zukunft und beide Qualitäten erfüllen einen Zweck.

Atammayata sagt hierzu: „Alles, was ihr mir da anbietet und vorspielt, ist nicht gewiss. Ich lasse mich von euch nicht in diese Fantasien verstricken.“

Was natürlich nicht heißt, dass Sie sich diese verschiedenen Qualitäten nicht ab und zu vom Leben ausborgen, nämlich dann, wenn Sie sie brauchen.

Vergessen Sie aber nicht, sie auch wieder zurückzugeben!

Verselbstständigung von Anteilen

Wir alle haben einen verletzten Persönlichkeitsanteil in uns.

Diese Verletzungen fanden in der Vergangenheit statt. Um uns vor weiteren Verletzungen zu schützen, haben wir Strategien entwickelt, um emotional überleben zu können.

Diese alten Erfahrungen dienen oft als Filter, um neuen Momenten zu begegnen. Eine gefärbte Brille, durch die wir neue Erfahrungen bewerten.

Dann meldet sich das verletzte Kind mal wieder und möchte Trost, Beistand und Unterstützung. Es wird sich immer dann melden, wenn es sich durch eine gegebene Situation angesprochen fühlt.

Aber irgendwann reicht es dann auch mal. Ich muss darauf achten, wie viel Raum ich den verschiedenen Anteilen geben möchte. Wenn sich gewisse Anteile sehr oft melden, werden sie mir bekannter, vertrauter, und es wird immer leichter für sie, sich in den Vordergrund zu schieben. Dabei können sie fälschlicherweise als Hauptidentität missverstanden werden.

Aber ich kann auch sagen: „Liebes verletztes Kind, ich sehe dich und halte dich, aber jetzt ist es mal gut mit Bedauern und Umhegen, Schwachsein und Vergangenheit, und ich bitte dich, wieder in deinen Bereich zu gehen. Ich möchte nicht in deiner bedürftigen Energie hängenbleiben, möchte dich nicht im Vordergrund meines Lebens halten."

Ich sehe den Schmerz, aber ich bleibe nicht darin hängen.

Menschen, die viel Schmerz in ihrem Leben erfahren haben, haben die Tendenz, die Welt in erster Linie durch die Schmerz-Brille zu sehen. Die Persönlichkeitsanteile, die hier geboren werden, sind zum Beispiel das Opfer, das bedürftige Kind, das verletzte Selbst und andere.

Ja, es war damals so. Na und? Aber jetzt bin ich hier, und zwar genau hier.

Ich schaue mich um und sehe, was hier ist. Was gibt es denn noch bei mir und in mir?

Es gibt noch viele andere Persönlichkeitsanteile, die sich fühlen lassen und andere Qualitäten in mein Leben bringen können.

Dann schaue ich mal in die andere Richtung, dahin, wo es leicht, weit, hell, kraft und freudvoll ist. Wo sind meine Kraft, meine Freude, mein Strahlen, meine Größe, meine Weite?

Wo verankere ich meinen Standpunkt für das ‚Ich bin‘? Was hänge ich an das ‚Ich bin‘ an?

Auch hier wird *Atammayata* zu einer Art Rettungsring.

Die Bedeutung des Wortes regelt meine Beziehung zur Welt: „Ich lasse mich durch dieses ‚Ding‘ nicht mehr verstricken, hineinziehen, verwirren oder täuschen!"

Und wenn doch? Na und?!

Es gibt immer ein nächstes Mal, um mich an *Atammayata* zu erinnern.

Atammayata als Mantra

Atammayata brauchen wir an dem Punkt, wo wir in Beziehung mit der Welt treten.

Wenn unsere Sinne die Welt wahrnehmen, wir in Kontakt mit ihr gehen, brauchen wir hier die Achtsamkeit und ein klares Verständnis über das, was gerade passiert.

Gefühle sind im Begriff, sich zu entwickeln, Gedanken entstehen, und oft geht es so schnell, dass wir es nicht mitbekommen.

Atammayata ist wie ein Mantra, das sagt: Ich lasse mich davon nicht mehr hineinziehen, verstricken, verwirren oder täuschen.

Und dann habe ich noch eine gute und eine schlechte Nachricht für Sie!

Sie würden gerne die gute Nachricht zuerst hören?

Die gute Nachricht ist die Tatsache,
dass es eine gute Nachricht gibt.
Die schlechte Nachricht ist,
dass die gute Nachricht nicht für Sie ist.

… und zur Erinnerung:
Fällt ein Stein ins Wasser, gibt es ‚ewige' Wellen.
Fällt ein Stein in Honig, macht es ‚Plopp'.
… und das Leben geht weiter!

Vom Erleben zum Beobachten

Das Leben ist schön, solange es schön ist.
Wenn es weder schön noch nichtschön ist,
dann ist es wahr.

Erleben müssen wir die Dinge dieser Welt, ob wir wollen oder nicht.

Ich möchte hier nochmals unsere Wissensfähigkeit ansprechen, den *Puh Ruh*, den Teil in uns, der weiß.

Was weiß ich jetzt gerade? Ich sitze hier, mein Körper fühlt sich so an, Geräusche in der Ferne, ein Buch in der Hand, eine Ein- und eine Ausatmung.

Das, *was* ich weiß, ändert sich aber ständig. Doch die Wissensfähigkeit in uns ändert sich nicht. Dieser empfangsbereite Bewusstseinsraum wird von dem Erlebten ständig gefärbt. Nicht nur von den Erlebnissen im Außen, sondern besonders von den Gefühlen und Gedanken, die die Reaktion auf das Erlebte sind.

Machen Sie sich das sehr deutlich bewusst. Sie sind der Wissende und Kenner des Erlebten und nicht das Erleben an sich. Während alle Erlebnisse vergehen, bleibt der Wissende bestehen!

Es gibt also Dinge, die beobachtet werden, und es gibt den Beobachter in uns.

Das ist nur möglich, wenn es einen Raum dazwischen gibt:
Sie hier-das erlebte ‚Ding' dort-dazwischen Raum.

So fällt es leichter, sich gleichzeitig der sich verändernden äußeren Ereignisse und der inneren Erlebnisse bewusst zu sein. Und dann können Sie das Erleben auch wieder gehen lassen, indem Sie sich auf den Raum beziehen.

Die Übung des Benennens unterstützt diese Beobachtungs- und Wissensfähigkeit.

Benennen Sie das Erlebte: Hören, Sehen, Riechen, Ärger, Freude, Neid, Liebe.

Und achten Sie hier sehr auf die beiden Worte: *haben* und *sein*.

Ich bin nicht mein Ärger, sondern ich habe ihn nur. Ich bin keiner dieser Bewusstseinsinhalte. Und nochmals: *Ich habe sie, aber ich bin sie nicht.*

Deshalb verurteilen Sie sich nie dafür, was sich in Ihrem Bewusstseinsraum zeigt, ereignet oder fühlen lässt!

Aber Sie sind immer Ihre eigene Autorität, überprüfen Sie, ob das stimmt.

Die volle Tasse

Im Zen gibt es die Geschichte von einem intellektuellen Professor, der ein Kloster besucht und viele Fragen hat. Als der Professor schon anfängt, seine ersten Fragen zu stellen, sagt der Zen-Meister: „Lass uns Tee trinken". Er holt zwei Tassen, stellt sie auf den Tisch und gießt Tee in die Tasse des Besuchers. Er gießt und gießt und als die Tasse schon am Überlaufen ist, gießt er immer weiter. Der Professor ruft: „Halt, aufhören, die

Tasse ist doch schon voll." „Ja", sagt der Zen Meister, „in eine volle Tasse passt einfach nichts mehr hinein."

Wie voll ist meine Tasse? Womit ist meine Tasse gefüllt? Mit welcher Bewertungsstruktur, welchen Erinnerungen, welcher emotionalen Färbung, welchen Erwartungen, Konzepten oder vorgefassten Meinungen? Kann ich so überhaupt noch etwas empfangen?

Welche der inneren Stimmen ist da im Vordergrund und hat ihre Meinung zu irgendetwas?

Kann ich zum Beispiel die Freundlichkeit eines anderen empfangen, ohne die anderen Stimmen, die sich mir manchmal aufdrängen? Vielleicht meldet sich der Zweifler oder der Ängstliche, der Romantiker oder Gutgläubige.

Die Erlebnisse der Vergangenheit haben ihre Abdrücke hinterlassen, und ich brauche diese Erfahrungen an bestimmten Stellen. Dass Wasser nass und Feuer heiß ist, weiß ich nur aus der Erfahrung. Die Überzeugung, dass alle Menschen mit schwarzen Haaren böse sind, habe ich nur deshalb, weil mir mal einer mit schwarzen Haaren auf den Kopf geschlagen hat.

Kann ich für eine gewisse Zeit bestimmte ‚Füllungen meiner Tasse' beiseite legen, um vorbehaltsloses Empfangen neuer Eindrücke und Erfahrungen zu ermöglichen?

Geräusche hören, ohne mich gestört zu fühlen? Farben sehen, ohne sie zu Bildern zu verknüpfen? Menschen begegnen, ohne sie bewertend einzuordnen?

Dann werde ich zum Empfänger, der auf seinem Platz sitzt, nichts tut, die Dinge sein lässt, wie sie sind, und sie in ihrem eigenen Rhythmus kommen und gehen lässt.

Das ist auch die Einladung der Meditation: den Atem kommen und gehen zu lassen, Gefühle und Gedanken kommen und gehen zu lassen, zu empfangen und Empfangenes sein zu lassen, ohne ihm etwas anzudichten.

An dieser Stelle kann ich mich im Nichtstun ausruhen. Das hat Auswirkungen.

Diese Qualität des Empfangens werde ich mitnehmen können. Meine Tasse ist etwas leerer geworden.

Und dann kommt mein Sohn und zeigt mir etwas, und ich bin da, ich meine, wirklich da, und reagiere dementsprechend darauf. Er fühlt mich in meiner Präsenz und Aufmerksamkeit, und wir genießen die gefühlte Verbundenheit.

Mir gefällt das Wort Liebe an dieser Stelle.

Auf der Überholspur
… wer sich in der Zeit verliert, ist unerreichbar…

Ich begebe mich auf die eigene Überholspur, indem ich mich mit Dingen verbinde, die nie wirklich hier und jetzt stattfinden. In der Vorstellung kann ich mir die schönsten Ereignisse ausmalen und mich in solchen Vorstellungen aufhalten, sie noch mehr ausmalen, noch bunter gestalten. Das, was gerade hier stattfindet, nehme ich dann überhaupt nicht wahr.

Es ist oft leicht, gerade über die ‚kleinen Dinge des Lebens‘ hinwegzusehen.

Mein Sohn lächelt mich an und sagt: „Papa, ich wünsche dir gute Besserung", weil ich eine kleine Erkältung habe. „Jaja, alles klar, danke, schlaf jetzt", könnte meine schnelle Antwort lauten, ohne zu bemerken, dass er gerade Mitgefühl mit mir hat und sich über dieses Mitgefühl mit mir verbindet.

In Gedanken bin ich vielleicht schon wieder beim nächsten Schritt:

einem Film, den ich mir gleich anschauen möchte, eine Mail, die noch zu schreiben ist, usw.

Mit einem Ziel im Auge verliere ich den Kontakt zu dem, was gerade ist, nehme es nur halbherzig wahr, so nebenbei, vergleichbar mit einem zersplitterten Spiegel, der zwar alles reflektiert, aber eben zersplittert und verzerrt.

Und wenn das Leben nicht die bombastischsten Erlebnisse für mich bereithält, na, dann stelle ich sie mir einfach vor, aber wo genau bin ich dann?

Und so geht es immer weiter, vielleicht das ganze Leben lang.

Sobald ich in der Zukunft ‚lebe‘, bin ich auf der Überholspur. Und je länger ich auf der Überholspur bin, desto mehr entferne ich mich von mir selbst, von anderen, und der Weg zurück wird immer länger oder vielleicht nie mehr gefunden.

Dann gibt es einschneidende Erlebnisse im Leben wie einen Unfall, eine Trennung, den Tod eines Angehörigen, Jobverlust, Krankheit oder andere Lebenskrisen.

Es gibt Menschen, die behaupten, dass ihnen gar nichts Besseres hätte passieren können als die Nachricht, dass sie an Krebs erkrankt sind und nur noch einen Monat zu leben haben. Sie mussten anhalten, begegneten wieder dem Moment und seinen aktuellen Ereignissen, konnten Liebe und Zuneigung ungeteilt empfangen und waren verbunden mit dem, was gerade ist.

Als Wojtek Czyz gefragt wurde, wann ihm ein ‚großes Glück‘ begegnet sei und wie sich dadurch sein Leben verändert habe, kam die überraschende Antwort: „Durch meine Amputation habe ich erkannt, was Glück im Leben wirklich bedeutet. Und das sind gerade nicht die materiellen Dinge“.

Wir haben alle eine Sehnsucht nach Verbundenheit. Wir wollen uns mit unseren Mitmenschen verbinden, mit uns selbst, mit den Dingen um uns herum.

Doch wenn die Maschinerie der Gedanken erst einmal angeworfen ist, macht sie, was sie will, und bewegt sich entlang der Bahnen, die wir durch gewohnheitsmäßige Denkmuster angelegt haben.

Es gibt verschiedene Möglichkeiten, im Moment zu bleiben, indem ich zum Beispiel etwas tue, was meine Aufmerksamkeit so sehr bindet, weil es vielleicht um mein Leben oder meine Gesundheit geht. Menschen, die Extremsport betreiben, berichten von der Erfahrung, dass alle Gedanken anhalten und eine Intensität gefühlt wird, die unvergleichlich ist.

Oder glauben Sie, ein Mensch hat noch Platz für Gedanken an seine bevorstehende Trennung, den möglichen Verlust seines Arbeitsplatzes oder ein anderes Problem, wenn er irgendwo in der Steilwand hängt und jede falsche Bewegung den Verlust seiner Gesundheit oder seines Lebens bedeuten könnte? Ich glaube, dass der Grund für alle diese Extremsportarten darin liegt, die Intensität des Moments zu fühlen, die ganze Kraft des Hierseins, und für ein paar Momente angst- und sorgenfrei zu sein.

Ein anderes Wort für Verbundenheit ist Liebe.

Liebe beinhaltet aber noch mehr, wie zum Beispiel Akzeptanz, Präsenz und Zuneigung, die nicht an Bedingungen geknüpft sind, wohlwollende Aufmerksamkeit eines anderen, ohne dass ich dafür etwas Besonderes darstellen, etwas Besonderes sein oder gar etwas dafür tun müsste.

Was können Sie einem anderen Menschen noch mehr geben als Ihre vollkommene Akzeptanz und Gegenwärtigkeit, und sich selbst auch?

Aber wie oft haben wir in unserem Leben erfahren, dass derjenige neben mir mehr Beachtung fand, weil er irgendetwas Tolles machte, erlebte, darstellte, eine supertolle Geschichte erzählte, Erfolg hatte und so weiter und sich in der Bewunderung und Anerkennung der anderen nur so badete.

Wir lernen schnell. Kinder lernen noch viel schneller und bekommen sehr wohl mit, worauf Wert gelegt, was bewundert, was anerkannt, was belohnt wird, und richten dann ihr Verhalten auf das Erwartete aus.

In allen Religionen haben wir den Hinweis darauf, dass das Geben der Liebe nicht an äußere Dinge anzubinden ist.

Da gibt es die Geschichte vom verlorenen Sohn: Er kommt wieder nach Hause, hat seine gesamte Erbschaft verprasst, keinen Gewinn erzielt, keine Erfolge vorzuweisen, und doch ist er im Hause des Vaters immer willkommen.

Dem Erfolgreichen und Bewunderten geht es gut, erst mal. Aber hier öffnet sich dann ein Teufelskreis, weil er einen Weg gelernt hat, sich über äußere Dinge die Liebe zu ‚erschleichen‘, die Verbundenheit zu fühlen, und sich irgendwann unwert fühlt, wenn er nichts mehr vorzuweisen hat. Und weil er nicht gelernt hat, sich direkt mit der Liebe ohne Bedingungen zu verbinden, aber eine tiefe Sehnsucht danach hat, ist er immer angetrieben, etwas vorweisen zu müssen.

Das Streben nach Lob, Ruhm, Ehre, Gewinn oder Glück, sagt Buddha, sind ‚weltliche Gifte‘, wenn sie als Liebesersatz herhalten müssen. Dann habe ich mich verlaufen.

Eines Tages hat er nichts mehr vorzuweisen, keine Pläne, keine Projekte oder Sonstiges, dann kommt der große Fall in die Einsamkeit, in die gefühlte Trennung, in das Verlorensein in der Welt.

Der letzte Satz ...

„Da draußen, jenseits der Vorstellung
von falsch und richtig, gibt es eine Welt.
Dort treffe ich dich.
Wenn sich die Seele dort im Gras niederlässt,
ist die Welt zu erfüllt, um über sie zu sprechen.
Vorstellungen, Sprache, selbst der Ausdruck
‚die Anderen' machen keinen Sinn.“

RUMI

Es ist schade und immer wieder traurig, wenn es im Laufe des Lebens zu Auseinandersetzungen, Missverständnissen, Kämpfen, ja Feindschaft zwischen Menschen kommt, besonders zwischen den Menschen, die sich einmal sehr nahestanden, und es aus verschiedenen Gründen zu dieser Entfremdung gekommen ist.

Da gibt es alte Verletzungen, die sich immer wieder ihren Weg in das Bewusstsein bahnen und worauf dann sehr schnell reagiert wird. Manchmal kann sich eine gefühlte Verbitterung über Jahre, ja über das ganze Leben hinwegziehen.

Und dann, irgendwann, kommt dieser eine sichere, besondere Tag im Leben von uns allen: der Sterbetag, der Todestag, der Moment, in dem das große Anhalten kommt.

Manche Menschen, die eine Nahtoderfahrung erlebt haben, berichten, dass sie eine sehr detaillierte Lebensrückschau sahen und alle wichtigen Stationen des Lebens nochmal betrachten durften, betrachten mussten. Sie sahen die Qualität ihrer Beziehungen und verstanden sie, sahen, wo sie heilsam oder unheilsam gewirkt hatten, durch Worte oder Taten. Sie verstanden ihre wahren Beweggründe, und alle Scheinentschuldigungen wurden als solche entlarvt.

Und dann kommt mir vielleicht dieser eine Mensch ins Bewusstsein, mit dem sich die grundlegende Liebe nie erfüllen ließ, nie wirklich entwickelt hat, obwohl wir genau danach eine große Sehnsucht hatten, uns in die Arme zu nehmen und auf Gemeinsamkeiten zu schauen, die wir auf den so unterschiedlichen Lebenswegen teilen.

Wir sind Brüder und Schwestern in Geburt, Alter, Krankheit und Tod. Wir alle möchten, dass es uns und unseren Lieben gutgeht, jeder versucht, das auf seine Weise ins Leben zu bringen und auf seine Weise glücklich zu sein.

Aber wir haben auch diese Kräfte in uns, die niemand so gerne fühlt, mit denen wir als Mensch natürlicherweise ausgestattet sind. Sie hatten und haben ihren Sinn und Nutzen, sind eine Erbschaft der Evolution und verleiten mich zu verschiedenen Handlungen.

Kräfte wie Gier, Hass, Neid, Ärger, Eifersucht und all die anderen aus dieser Kategorie: Werden sie nicht erkannt, treiben sie mit uns ihr verstecktes Spiel. Ich reagiere darauf und lasse mich von ihnen zu allerlei Handlungen, besonders im zwischenmenschlichen Bereich, verleiten. Ich kreiere damit Lebenssituationen und Beziehungsqualitäten, Feindschaften und Trennungen. Und dann ist etwas so, wie es dann ist: verstrickt, verworren, undurchsichtig, ausweglos und letztendlich traurig.

Es gibt eine natürliche Traurigkeit, wenn wir Menschen durch den Tod verlieren, und es gibt eine Traurigkeit, weil wir spüren, dass die tiefe, wahre und echte Begegnung, die möglich gewesen wäre, nie stattgefunden hat und nie mehr stattfinden wird!

Wir werden manche Verstrickungen vielleicht nie auflösen können und fallen bei dem Versuch, Lösungen zu finden, in diese Rolle, uns zu schützen, zu verteidigen oder anzugreifen, und errichten wieder Mauern, die von außen nichts herein, aber von innen auch nichts hinaus lassen.

Und doch, was ist trotz alledem möglich, um Verbundenheit zu fühlen?

Vielleicht ein Besinnen auf die Gemeinsamkeiten, eine Akzeptanz der Unterschiedlichkeiten und ein Verständnis darüber, dass wir im Grund aus der gleichen Quelle kommen und nur mit anderen Vorzeichen auf dieser Welt herumlaufen.

Man muss nicht alle Menschen mögen, um ihnen alles Gute und Wahre dieser Welt zu wünschen. Denn wenn wir jemanden mögen oder nicht mögen, bezieht sich das nur auf die Dinge, die sie sagten oder taten. Mit manchen Persönlichkeitsanteilen komme ich einfach nicht zurecht, und das ist ja auch in Ordnung, denn ich muss ja nicht alle Menschen mögen, um sie lieben zu können!

Mooji, ein spiritueller Lehrer, sagte mal: „Ich liebe alle Menschen, aber mit manchen Persönlichkeiten möchte ich einfach nichts zu tun haben".

Zurück zu unserem Sterbebett.

Mir gefällt die Vorstellung, einen Menschen an mein Sterbebett einzuladen und ihm oder ihr einen letzten Satz zu sagen. Der große Moment des Abschieds, wo unser Herz, so glaube ich, sehr offen sein und sich auf das Wesentliche besinnen wird.

Auch ein Schauen und Fühlen tief zu sich selbst hinein, mit Verständnis für sich selbst, sich vergeben, was man getan hat, angetrieben von den Kräften, die einen manchmal überwältigt haben, sich seines einfachen Menschseins bewusst werden und sich mit sich selbst verbinden, sich über sich selbst freuen, mit sich lachen, sich selbst umarmen und sich danken.

Bin ich mein bester Freund geworden?

Und dann der Kontakt zu diesem Menschen an meinem Sterbebett.

Vorbeischauend an allen Unterschieden, Missverständnissen, Bösartigkeiten und alledem. Was wäre mein letzter Satz?

Es geht gar nicht um die Lösungen von ‚Etwas‘, sondern um Verstehen, Vergeben, um Verbindung und die Liebe, die an allen Unterschieden vorbeischaut, so gut es halt geht.

Dann braucht es vielleicht keiner Worte mehr: ein Blick, ein Lächeln, ein Fühlen. DAS reicht.

Und Rumi sagt: *„Jenseits von richtig und falsch liegt ein Ort, dort treffen wir uns."*

Mensch sein

„Wahn, alles ist Wahn
und ein Jagen nach Wind."

PREDIGER

Ajahn Ranschuan war eine weise Frau, die damals die ersten Meditationsseminare in Thailand leitete. An einem jener Tage sagte sie: *„Bei jedem Film, jedem Roman, jeder Geschichte geht es hauptsächlich nur um zwei Themen: Es geht entweder darum, etwas haben zu wollen oder etwas nicht haben zu wollen."*

Es geht immer nur um die Befriedigung dieser beiden Neigungen. Natürlich hat hier jede Geschichte ihren Inhalt und ihre Verstrickung, aber letztendlich reduziert sich jede Geschichte auf diese zwei Inhalte: die (an)-treibende Kraft des Wollens: Habenwollen – Nichthabenwollen.

Ajahn Chah ergänzte obenstehende Feststellung mit der Aussage: *„… das ganze menschliche Leben hat in erster Linie nur mit Wohlsein und Unwohlsein zu tun."*

Nicht nur, dass Zustände sich ständig ändern, sondern sie sind überhaupt erst entstanden durch andere ‚Dinge', wie Gedanken, Gefühle oder irgendwelche Ereignisse.

Und weil sie bedingt sind, können sie sich ändern, durch neue Bedingungen.

Wenn man keinen stillen Raum in sich fühlt, in den man sich zurückziehen kann, ist man diesem Spiel der ständigen Veränderungen ausgeliefert. Mal geht es hoch, ein anderes mal wieder runter. Und dann? Die nächste Welle. So werden wir von den Ereignissen des Lebens und den dazugehörigen Geschichten in Bewegung gehalten.

Irgendwann werden Menschen müde, sich auf diese Weise mühevoll durch das Leben zu bewegen. Manchmal wird eine Art Lebensrückschau gehalten, und man fühlt tief drinnen eine existentielle Unzufriedenheit und Unerfülltheit. Man kann nicht mehr und will nicht mehr, und ein echter Lebenssinn ist nicht spürbar. Eine befriedigende und überzeugende Antwort darauf scheint erst mal nicht in Aussicht zu sein.

Hier macht Buddha ein Angebot in Form einer klassischen Diagnose, mit vier dazu nötigen Fragen:

1. Was ist es?

Buddha behauptet, dass es im Leben Leiden, Unzufriedenheit, Stress, Alter, Krankheit und Tod gibt. Weiterhin gibt es Situationen, in denen mir genommen wird, was ich gerne behalten möchte. Ich werde von Menschen getrennt werden, mit denen ich gerne zusammen wäre, und ich kann im Leben einfach nichts festhalten.

Diesen existentiellen Zustand bezeichnete Buddha auch als spirituelle Krankheit.

2. Was ist die Ursache?

Nach der Diagnose erfolgt eine Ergründung der Ursachen.

Was ist die Ursache für dieses Leiden, für Unzufriedenheit, Unerfülltheit und Stress?

Buddhas Antwort: Das Wollen ist die Ursache dafür, unsere Hinneigungen und Abneigungen. Aber das alleine reicht noch nicht, um Leiden zu erfahren, sondern das richtige Leiden entsteht erst, wenn wir an dem Objekt unseres Wollens festhalten.

Und wir halten an allen Dingen fest, von denen wir wollen, dass sie bei uns bleiben und sich nie verändern sollen.

Das Wollen entsteht in unserem Geist, nur da. Es entsteht über die bekannten Stationen des Kontaktes mit einem Objekt, dem daraus resultierenden Gefühl diesbezüglich und dann der Bewegung darauf zu oder davon weg.

Wenn es nur bei diesen geistigen Bewegungen bliebe, wäre das nicht so problematisch.

Aber das Rad dreht sich an dieser Stelle meist weiter. Denn wenn ich an dem Objekt meiner Begierde in irgendeiner Form anhafte, dann ist es vorbei mit der Ruhe des Geistes, und die Bewegung geht weiter und ich komme ins Handeln.

Aber das spürbare Leiden entsteht erst, wenn das Gesetz der Unbeständigkeit ins Spiel kommt und mir die liebgewordenen Dinge wieder nimmt.

3. Gibt es Heilung?

Buddha sagt ja. Es gibt einen Bereich des Nichtwollens, der Leidlosigkeit, der Freiheit, den er *Nirwana* nannte. Einen Bereich, wo die Herzenstrübungen mein Handel nicht mehr beeinflussen und ich die Fähigkeit erlangt habe, die Dinge aus der Notwendigkeit der Erfüllung einer Aufgabe heraus zu tun, nicht angetrieben vom Wollen, auch nicht, um Ruhm, Ehre oder Lob zu erheischen. Und wenn der Moment des Abschieds von etwas gekommen ist, kann ich alles seiner eigenen Natürlichkeit überlassen.

4. Was ist das Heilmittel?

Hier empfiehlt Buddha den sogenannten Achtfachen Pfad, der in drei Gruppen unterteilt ist. Die erste wird als ‚Weisheitsgruppe‘, die zweite als ‚Ethikgruppe‘ und die dritte als ‚Übungsgruppe‘ bezeichnet.

Zusammengefasst: Es gibt dieses Leiden, es gibt eine Ursache, es gibt ‚Heilung‘ und es gibt eine ‚Medizin‘.

(An dieser Stelle überlasse ich es der Leserin und dem Leser, sich bei Interesse über den ‚Noblen Achtfachen Pfad' zu informieren.)

Wenn das Leben ganz gut läuft, wenn ich habe, was ich brauche, Gesundheit, wenige Konflikte, ein einigermaßen gutes Aussehen, genug Geld und andere Mittel und somit Möglichkeiten, mir damit ‚Dinge' zu besorgen, kann ich von einem Lüstchen zum anderen springen und mir ständig angenehme Gefühle verschaffen, Glücksmomente, freudvolle Momente.

Übersehe ich in meinem ‚Rausch', dass alle diese Dinge dem Gesetz der Unbeständigkeit unterworfen sind?

Das Leben ist schön, solange es schön ist

> Wenn es weder schön noch nichtschön ist,
> dann ist es wahr.

Wenn ich über eine grüne Wiese gehe, sehe ich zum Beispiel alle diese Blumen.

Ganz gewohnheitsmäßig würde ich sagen: Sie sind schön. Aber wenn ich tief in mich hineinfühle, dann stimmt dieser Begriff ‚schön' irgendwie nicht. Die gleiche Blume wird irgendwann wieder verblühen, die Blätter verlieren, die Farben verlieren. Irgendwann liegen nur noch verwelkte und verrottete Stängel herum, dann ist sie nicht mehr schön, aber immer noch wahr. Wenn man die Wahrheit von etwas sieht, wird alles schön.

Jeder Dunghaufen, der irgendwo abgelegt wurde, spricht von seiner Wahrheit, seiner Funktion und seinem Eingebundensein in dieser Einheit. Er ist schön, weil er wahr ist.

Jede Blume, die irgendwo am Wegesrande steht, ‚spricht' von ihrer Wahrheit.

Nur meine persönliche Beziehung, die ich zu der Blume oder dem Dunghaufen einnehme, macht sie schön oder hässlich.

Aber letztendlich sind sie weder schön noch hässlich, sondern einfach nur so, wie sie sind, und deshalb wahr. Wahrheit ist die absolute Schönheit, ohne ein Gegenteil zu haben.

Wahrheit trägt ihre eigene Schönheit in sich.

Wie wird es mir wohl ergehen, wenn mich irgendwann alle diese ‚schönen' Dinge verlassen, auf deren Existenz ich mein Glück begründet habe?

Ajahn Chah sagte einmal: *„Wenn du dir eine schöne, neue Tasse kaufst, dann betrachte dieses Ding schon als zerbrochen".*

Dann kann man freudvoll und sorgenfrei damit umgehen, solange man sie verwendet, und im Moment des Zerbrechens lächelt aus dem Raum der Weisheit das Wissen, dass es nicht anders hätte kommen können.

Verlasse dich auf nichts da draußen, aber auf gar nichts. Denn es wird sich wandeln, verändern, zerbrechen und nie bleiben, wie es sich uns anfangs darstellte, und uns nie für immer glücklich machen können.

Und dann die große Frage: Gibt es etwas, was mich wirklich glücklich machen kann?

Die Antwort der großen Meister: Erkenne, wer oder was du wirklich bist! ‚Sieh dich'!

An dieser Stelle möchte ich noch einmal Ajahn Man zitieren, der sagte, dass unser menschlicher Geist strahlender und freudvoller ist, als es irgendetwas sein könnte, wir aber dieses Strahlen selten erleben, weil es von bestimmten Kräften, den Herzenstrübungen, verschleiert wird.

Die große Freiheit ohne Namen

Jedes Erleben hinterlässt eine Spur,
eine Erinnerungsspur.

Manche Dinge erleben wir mehrmals und immer wieder. Besonders die gedanklichen Reaktionen auf Situationen in Form von Bewertungen, Mögen und Nichtmögen legen Spuren, auf denen es sich immer leichter und gewohnheitsmäßiger gehen lässt, ohne Anstrengung und oft ohne meine bewusste Zustimmung.

Hier bildet sich unser Selbstbild oder unsere Identität, das Bekannte, Vertraute, auch wenn es sich unangenehm anfühlt. Oft definiere ich mich über meine Reaktionen auf die Welt und über die Reaktionen der Welt auf mich. Da ist nur ständiges Reagieren.

Wer oder was ist es, was da reagiert? Gibt es dieses eine, wahre, unwandelbare, nicht beschreibbare wahre Selbst? Ja, sagen die Weisen dieser Welt. Die große Freiheit ohne Namen! Und doch werden Namen gefunden. Gott ist einer davon. Das wahre Selbst, Atman, Brahman, der große Geist, das ursprüngliche Gesicht, allumfassendes Bewusstsein u.v.m.

Manchmal haben wir da so ein ‚Gefühl‘, eine Ahnung, einen Verdacht, dass irgendetwas nicht stimmt mit diesem Leben. Aber wir finden keine offensichtlichen Anhaltspunkte, die dieses befremdliche Gefühl erklären, und es bleibt uns erst mal nichts anderes übrig, als dieses Lebensspiel mitzuspielen.

Wir suchen alle unser Glück auf den verschiedensten Wegen dieser Welt und was finden wir?

Ein ständiges Kommen und Gehen der Ereignisse.

Wir werden vom Leben geschlagen und gestreichelt und entwickeln Strategien, um Streicheleinheiten zu vermehren, manchmal mit Erfolg, manchmal nicht.

Wir alle suchen unser Glück mit den verschiedensten Methoden und in den verschiedensten Dingen und erleben ein ständiges Verlassenwerden. Wir versüßen unser Leben mit einem ,Lüstchen für den Tag und einem Lüstchen für die Nacht', wie es Nietzsche einst formulierte.

Aber ein dauerhaftes Glück wird es durch vergängliche Dinge nicht geben.

Und dann der Hinweis: Nimm alles an, aber bleibe an nichts hängen, wenn es wieder geht.

Aber wohin kann ich mich jetzt noch wenden?

Die Welt der Sinnlichkeit bietet Unterhaltung, aber keinen Halt.

Wohin werde ich mich wenden, wenn diese erschreckende Erkenntnis deutlich wird?

Und es kommen die Worte von Ajahn Buddhadasa in Erinnerung: *„Es gibt nichts, das es wert wäre, zu sein, zu haben oder zu werden"*.

Aber es kommt noch dicker!

Die vollkommene Depression

Der Ausgangspunkt für die spirituelle Suche vieler Menschen war die Erkenntnis, dass bei genauerer Betrachtung das Leben hoffnungslos und sinnlos ist.

Wenn wir das erkennen, hören wir auf, an den falschen Stellen nach unserem Glück zu suchen. Falsche Stellen sind die Orte, wo nichts zu finden ist. Es werden keine besseren Zeiten kommen, und wenn, sind das auch nur durchlaufende Posten. Sie kommen, verweilen und vergehen wieder. Sie laufen durch uns durch, und es gibt kein Halten. Nur ich selbst kann damit aufhören, diese Dinge festhalten zu wollen.

Dann entsteht Raum, innerer geistiger Raum, frei und leer, und mit etwas Übung wird das vielleicht mein neues Zuhause. Von hier aus schaue ich mit anderen Augen in die Welt, schaue und sehe und bewerte das Leben neu.

Ja, es gibt immer etwas zu tun: zum Beispiel Frühstück für meinen Sohn zubereiten, die Wäsche muss gemacht werden, eingekauft werden muss auch, und für meinen Lebensunterhalt muss ich sorgen, und all die anderen Alltäglichkeiten, die erledigt werden müssen.

Und dann? Ach ja, die Zukunft. Was ist die Zukunft? Es ist das, was noch nicht ist.

Eine bloße Vorstellung. Und das einzig Sichere, das in der Zukunft geschehen wird, ist der Tod meines Körpers, der Tod von uns allen, irgendwann.

Nein, das ist nicht pessimistisch, es ist realistisch, hat mit Glauben oder Spekulation nichts zu tun. Es wird so sein, dafür gibt es eine hundertprozentige Sicherheit.

Alleine diese Gewissheit könnte ein guter Grund sein, depressiv zu werden.

Ja, es macht mich depressiv, dass mir Liebgewordenes wieder genommen wird.

Das Leben gibt, das Leben nimmt, so ist es halt. Und alle Bemühungen, ein Jemand zu sein, jemand Bestimmtes, Reiches, Berühmtes, ein Jemand, der glücklich, erfüllt und freudvoll ist, all das wird sich ändern.

Woher beziehe ich meine Freude, mein Glück, meine Zufriedenheit?

Aus den Bewegungen, die ich in der Welt vollziehe, aus Lob und Anerkennung, aus Erfolg und Reichtum, aus Ruhm und Ehre, aus den Früchten meiner Karriere, aus der Verbindung zu meinen Mitmenschen. Ja, all das kann empfangen, all das kann genossen werden, wenn ich dabei die Unbeständigkeit im Blick habe.

Und wenn mir das wirklich deutlich wird, gibt es hier einen weiteren Grund, depressiv zu werden.

Wenn ich neu schaue, will ich mir das ständige Gerede über Autos, Fußball, Mode und all diese Selbstdarstellungen nicht mehr anhören. Ich kann es nicht mehr ertragen, wie lieblos, oberflächlich und unverbunden Menschen miteinander umgehen, und ich habe auch keine Lust mehr, mich daran zu beteiligen. Ich will mich in der ‚geborgenen Scheiße' nicht mehr zuhause fühlen müssen.

Alles das lähmt mich und macht mich depressiv. Ich möchte daran nicht mehr teilhaben, weil es da nichts Echtes zu finden gibt. Ich verstehe die anderen nicht mehr, und ich werde nicht mehr verstanden. Ich habe den Impuls, mich zurückzuziehen, mich weg zu machen, manchmal sterben zu wollen. Dann stehe ich erst mal alleine da. Aber es gibt auch Verbündete. Ich werde sie finden, und sie werden mich finden, wenn ich Platz mache und empfangsbereit bin.

Wenn diese Depression als das gesehen wird, was sie auch sein kann, nämlich ein Hinweis auf die innere Größe und Weite, die sich dagegen wehrt, gepresst, geformt, zerstückelt, begrenzt, reduziert oder eingeengt zu werden, und sich zusammen mit der Angst, die auch ein Warnsignal ist, verbündet, können neue Schritte gegangen werden, ohne in einer gefühlten Kleinheit stecken zu bleiben.

Aber es gibt doch Hoffnung! Ja, aber worauf soll ich denn hoffen?

Dass sich irgendeine ersehnte Vorstellung in der Zukunft erfüllen wird, dass ich nur durchhalten muss und sich alles zum Besseren fügen wird?

Die Hoffnung hat ihren Sinn und ihre Aufgabe ist es, mich über Durststrecken und Gefühlslöcher hinwegzuheben. Aber das Erhoffte sieht dann meist anders aus, als es mir die Hoffnung aufzeigte, und ohne das Versprechen auf Dauerhaftigkeit.

Der Lebenssinn ist auch nur eine Idee. Aus allen Ecken wird er einem angeboten.

Gibt es denn irgendwo eine verlässliche Aussage oder Richtungsweisung?

Wenn ich neu schaue und fühle und erkenne, finde ich vielleicht die leise Freude stillen Seins, ohne jemand Bestimmtes oder Besonderes sein zu müssen. Das bietet eine unschätzbare Freiheit, schränkt mich nicht auf eine Identität ein, lässt Raum zum Spielen, zum Experimentieren, Raum zu leben und zu lieben.

Wer ein Bild von sich hat, kommt sich nicht näher, denn jedes Selbstbild ist eine Reduktion auf etwas Bekanntes und eine Einschränkung meiner Möglichkeiten und Wege, die ich gehen kann. Ja, ich weiß, auch das geht vorbei. Aber dann habe ich immer noch mich, allerdings nur dann, wenn ich mich selbst gefunden habe.

Wer bin ich? Ich bin mehr als meine Selbstbilder, mehr als die Identitäten, mehr als die Formen, in die ich mich pressen lasse, mehr, als andere von mir sehen, und mehr, als ich selbst von mir sehen kann.

Ist das so? Finden Sie es für sich selbst heraus!

Karl Renz sagte in einem Vortrag, dass die ‚vollkommene Depression‘ durch die direkte Konfrontation mit der Sinnlosigkeit entstehen würde und dass das keiner ertragen könne und die Unerträglichkeit dieser vollkommenen Depression sich wie die Hölle anfühlen würde.

Weiterhin sagte er, dass man sich in dieser Depression vollkommen gewahr sei über die absolute Sinnlosigkeit von Handeln oder Nichthandeln, darüber, dass kein Ausweg zu finden sei, dass man sich dessen gewahr sei, nichts kontrollieren zu können, und dass man nie etwas finden könne, was Sinn macht, letztendlich.

Er stellt dann in Aussicht, dass im Erleben dieser vollkommenen Depression, dieser vollkommenen Ausweglosigkeit, die ‚innere Sonne des Gewahrseins‘ aufgehen könne.

Das relative kleine ICH-lein, was ja nur ein Phantom, ein Hirngespinst ist, könne ohne Sinn nicht sein, finde keinen Halt mehr und verbrenne somit in das Gewahrsein seiner selbst hinein.

Aber es gibt auch noch eine poetische Variante dieser Erkenntnis:

NIX

Es ist ja alles eh nix, aber das glaubt keiner,
deshalb sagen sie nix.
Und ganz tief drinnen wissen sie:
Hier ist nix und da bleibt nix.
Alle machen und tun, mit allen Trix.
Aber das macht nix!
Und ich sage Dir, glaub nix.
Dann sitze ich hier und weiß nix,
was kann man schon wissen, letztendlich?
Vorher nix und nachher nix, nur mittendrin etwas,
aber dann doch wieder nix.
Alles durchlaufen lassen, was bleibt? Nix.
Alle rennen sie und finden nix.
Erst ist es was und dann wieder nix.
Da ist halt nix, aber macht nix, am Ende war ja auch nix.
Ach je, da gibt's nix und der weite Raum hält nix (fest).

… aber jetzt, erst mal die Wäsche aufhängen…

Die Heilmittel der Weisen

Ajahn Buddhadasa bietet sieben Heilmittel in Form dieser Betrachtungen an, die Ihnen helfen können, in verschiedenen Lebenssituationen immer wieder zu sich selbst zurückzukommen und einen anderen Blick auf die Ereignisse des Lebens zu werfen.

> *Nimm einen Teil von der Rinde:* **Ich weiß überhaupt nichts.**
> *Einen Teil des Kernholzes:* **Was soll's?**
> *Einen Teil von der Wurzel:* **Es ist, wie es ist.**
> *Einen Teil der Blätter:* **Kein ‚Ich' und kein ‚Mein'.**
> *Einen Teil der Blüten:* **Es gibt nichts, was es wert wäre,**
> **zu haben oder zu sein.**
> *Einen Teil der Frucht:* **Stirb, bevor du stirbst.**
> *Dazu füge den Samen:* **Restloses Erlöschen.**

Segne das Ganze 108-mal mit dem Mantra: **Es gibt nichts, was es wert wäre, daran festzuhalten.**

Tue das alles in einen Kochtopf und bedecke es mit Wasser. Koche diese Flüssigkeit zu einem Drittel herunter. Trinke davon dreimal am Tag. Vergiss es nicht!

Ein Teelöffel reicht für einmal.

Ich möchte diese sieben Heilmittel nach meinem Verständnis erläutern:

Ich weiß überhaupt nichts

Was wissen wir eigentlich wirklich?

Ich weiß nicht mal, wie eine Glühbirne funktioniert. Ich habe keine Ahnung, wie man sie zusammenbaut. Aber das geht wahrscheinlich den meisten Menschen so. Ich weiß nicht, woher ich komme, ich weiß nicht, wohin ich gehe, eigentlich weiß ich gar nicht, wer ich bin. Ich weiß nichts über den Sinn des Lebens. Ich habe keine Ahnung, warum die Dinge der Vergangenheit so geschehen sind, wie sie geschahen, oder besser, ich habe viele Ahnungen, aber letztendlich weiß ich eigentlich gar nichts. Ich weiß überhaupt nichts darüber, was die Zukunft bringen wird. Ich mache mir manchmal Sorgen und habe manchmal Ängste über Dinge, die irgendwann mal vielleicht geschehen könnten. Ich weiß überhaupt nichts darüber, was geschehen wird, außer natürlich die einzige Tatsache, die in der Zukunft auf mich wartet, das ist mein eigener Tod, die Endlichkeit meines Körpers. Aber auch hier weiß ich weder wann, wo oder wie ich sterben werde, und auch nicht, wie es weitergeht, ob es überhaupt irgendwie weitergeht. Ich weiß überhaupt nichts.

Vielleicht habe ich Meinungen und gewisse Vorstellungen, habe die Theorien der verschiedenen Sichtweisen darüber gehört. Aber warum gibt es denn verschiedene Sichtweisen über die gleiche Sache? Weil niemand irgendetwas wirklich weiß!

Was soll's?

Das Leben hält verschiedene Ereignisse für mich bereit. Manche sind angenehm, andere unangenehm, manche sind willkommen, andere unwillkommen. Ich könnte mich aufregen, mir Sorgen machen, Dinge aus der Vergangenheit bereuen, kommende Ereignisse sorgenvoll oder hoffnungsvoll bedenken. Aber trotzdem geschahen diese Ereignisse und werden weiterhin geschehen.

Das Leben gibt mir gewisse Dinge, aber nimmt sie mir auch wieder. So ist es halt.

An den meisten Ereignissen des Lebens kann ich überhaupt nichts ändern. Wenn ich als Beobachter bei mir bleibe und all diese Ereignisse kommen und gehen sehe, ihnen die Erlaubnis gebe, kommen und gehen zu dürfen, dann kann ich auch den Ereignissen ein lautes „Was soll's?" entgegenrufen, auch oder besonders denen, die anders geschehen, als ich es mir wünsche. Ich muss nicht ständig mit Ereignissen hadern, die einfach geschehen. Regen statt Sonne, Kälte statt Wärme, was soll's? Es sind hier die unvermeidbaren Ereignisse des Lebens gemeint, wo eine irgendwie geartete gefühlsmäßige oder gedankliche Reaktion daran sowieso nichts ändern wird, außer dass mein Geist in die verschiedenen Zustände verfällt.

Und manchmal bedarf es vielleicht einer sehr klaren Ansage: ‚Scheiß was drauf.'

Es ist, wie es ist

Auch hier bezieht sich diese Aussage auf Ereignisse, die einfach nur so sind, wie sie sind.

Sie sind genau so und nicht anders. Hier unterstütze ich meine Fähigkeit, den Ereignissen des Lebens eine unbedingte Akzeptanz entgegenzubringen. Mein Geist bleibt in einer relativen Ruhe und Unbewegtheit, verstrickt sich nicht in den ewigen Bewegungen des ‚Bedenkens'. Daraus kann sich eine gleichmütige Haltung zu den Dingen entwickeln, die einfach nur so sind, wie sie sind. „Es ist, wie es ist" ist nicht die Haltung eines Menschen, dem alles egal ist, sondern die Haltung eines Menschen, der versteht, dass gewisse Ereignisse einfach unvermeidbar sind und so geschehen müssen, wie sie geschehen.

Dann sind die ‚Dinge' genau so, wie sie sind, nämlich SO, und es ist, wie es ist!

Kein ‚Ich' und kein ‚Mein'

Irgendwas ist hier, und ich erlebe es als ich. Aber wer oder was ist dieses Ich?

Was ist es eigentlich genau? Kann ich mit meinem Finger auf irgendetwas zeigen und sagen: DAS bin ich? Als ‚ich' bezeichne ich meinen Körper, meinen Geist, meine Gedanken und Gefühle und als ‚mein‘ alles, was zu meinem Körper und meinem Geist gehört, sowie all die Geschichten, die das Leben mir bereits angeboten hat und auch noch anbieten wird.

Bei genauerer Betrachtung stelle ich fest, dass dieses gefühlte ‚Ich‘ keine feste Substanz besitzt. Der Körper ändert sich unmerklich, aber ständig. Oder wie es meine 93-jährige Mutter neulich sagte: „Ich hätte nicht gedacht, dass es mal so weit kommen wird.“

Gedanken und Gefühle ändern sich noch viel schneller. Dinge, die ich als ‚mein‘ bezeichne, bleiben einfach nicht bei mir und folgen ihren eigenen Bahnen: mein Körper, mein Wohlbefinden, meine Beziehungen, meine Arbeit, meine Frau, meine Kinder, mein Haus, mein Bankkonto und so weiter. Ich habe etwas Einfluss, aber keine Kontrolle, letztendlich. Und das, was ich als mein ‚Ich‘ bezeichne oder als ‚mein‘ betrachte, kann morgen schon wieder ganz anders aussehen.

Es gibt nichts, was es wert wäre, zu haben oder zu sein

Natürlich haben die verschiedenen Dinge einen gewissen relativen Wert. Aber bei genauerer Betrachtung muss ich feststellen, dass es nichts gibt, was so bleibt, wie es sich mir anfänglich zeigte. Handlungen, Bemühungen und Haltungen in meinem Leben bringen bestimmte Resultate hervor. Aber das Gesetz der Unbeständigkeit ist ständig am Wirken, und somit verlassen mich auch die Dinge irgendwann einmal, die ich gerne bei mir behalten hätte.

Mein Wohlstand, meine Gesundheit, meine Beziehungen und all die anderen Dinge, die ich scheinbar *habe*, gibt es wirklich irgendetwas, was es wert wäre, zu haben oder zu sein, wenn ich all diese Dinge im Licht der Unbeständigkeit betrachte? Kann ich mich da auf irgendetwas wirklich verlassen?

Ich komme nicht darum herum, Dinge zu haben, aber kann ich sie auch wieder gehen lassen, wenn die Zeit dafür gekommen ist? Ich habe ein ganz bestimmtes Bild von mir, auch die Welt hat ein ganz bestimmtes Bild von mir.

Aber auch hier kann ich erleben, dass sich dieses Bild von mir immer wieder ändert.

Gefühle, Gedanken und andere geistigen Zustände bewegen meinen Geist. Mein Selbstbild richtet sich nach ihnen aus. Ich nehme bestimmte Ich-Identitäten an, aufgrund der Qualitäten, die ich bei mir entdecke, aufgrund der Dinge, die ich besitze.

Sind sie es wirklich wert, zu haben oder zu sein?

Stirb, bevor du stirbst

Wenn alles geht, bleibt doch noch irgendetwas hier. Meine Selbstbilder ändern sich ständig. Meine Identität von heute wird von einer anderen morgen abgelöst. Es ist oft nicht leicht, sich von Selbstbildern zu verabschieden. Ich brauche sie, um im Leben zu bestehen. Aber wie ernst nehme ich sie? Wie sehr halte ich an ihnen fest? Wie sehr leide ich manchmal unter ihnen? Und wie kommen diese Selbstbilder oder Ich-Identitäten überhaupt zustande?

Indem ich an den Dingen festhalte, die sich ständig verändern, sie persönlich nehme und versuche, sie zu meinem persönlichen Eigentum zu machen.

Was stirbt, bevor ich sterbe? Es sterben nur die Selbstbilder. Ich erkenne, wie sehr ich unter ihnen leide, wenn ich auf ihnen bestehe, wie ich sie immer verteidigen muss, und erinnere mich, dass sie sich sowieso ändern. Und dann nehme ich sie immer weniger ernst, kann sie schneller gehen lassen, brauche sie irgendwann nicht mehr, um das Gefühl zu haben, zu sein. Wenn all die Dinge ‚sterben‘ die ich eh nicht halten kann, dann bleibt doch noch etwas hier: dieses Gefühl von ‚Ich Bin‘. Dieser Raum des Gewahrseins, der Bewusstseinsraum, oder wie auch immer es benannt wird. Raum ohne Inhalt, Zimmer ohne Einrichtung heißen wie? Keine Bezeichnungen treffen zu, die Räumlichkeit und offene Weite bleiben.

Restloses Erlöschen

Wenn an nichts festgehalten wird, was sich verändern kann, kommen und gehen alle Dinge in ihrem eigenen Rhythmus. Wenn alle Feuer verbrannt, alle Winde verweht, all Lüste gelebt, jeder Klang verklungen, keine Geschichten mehr entstehen, Herzenstrübungen keine Macht mehr haben, kein Ich, kein Mein und auch keine anderen, gibt es keine Trennungen mehr.

Keine Fragen und keine Antworten. Was bleibt?

Nur noch Stille und grenzenloses Sein, ohne etwas oder jemand zu sein. Wohin geht die Flamme, nachdem sie erloschen ist?

Schuld, Scham und Sünde

Wir sind alle unschuldig, denn wir haben nichts getan.

Ja, es gibt da mächtige Kräfte in uns, die manchmal über uns hereinbrechen.

Sie haben alle eine bestimmte Funktion und melden sich, wenn sie ihre Aufgabe erledigen müssen. Diese Kräfte stören den ursprünglichen Frieden in uns und verleiten uns zu den verschiedenen Handlungen und Reaktionsweisen.

Es geht sehr schnell, und schon sind sie da. Sie trüben unser Herz, unseren Geist, und wenn ich nicht aufpasse, bin ich plötzlich in die verschiedenen Geschichten verstrickt, verliere meine Mitte, meinen Frieden und beginne mich zu bewegen: auf etwas zu oder von etwas weg, ziehe Grenzen, errichte Mauern, hole meine Waffen und verletze.

Am meisten verletze ich mich selbst, was aber nicht immer gleich offensichtlich wird.

Es sind in erster Linie wir selbst, die von diesen Kräften bedroht werden. Wenn ich deren Entstehen bemerke, sie erkenne und benenne und sie sein lasse, ohne auf deren ‚Befehle' zu hören, bin ich auf der sicheren Seite, erst mal. Wenn ich nicht aufpasse, verleitet mich der Ärger zum Beispiel zu Handlungen durch Worte oder Taten.

Wenn ich den Satz im Blick habe: ‚*Sünde ist alles, was wir tun, das uns von anderen trennt*', kann man auch sagen, ich mache mich schuldig und ‚versündige' mich an mir selbst, denn ich trenne mich von mir und meinem wahren Selbst, dessen Natur es ist, strahlend, freudvoll und glücklich zu sein.

Wie oft erlebe ich dieses Strahlen, und was verhindert dieses Strahlen und Leuchten und die damit verbundene Kraft? Es sind die sogenannten Herzenstrübungen, die letztendlich auf dieser Unwissenheit beruhen, und die Sicht auf das ‚wahre Selbst' verhindern.

Ich habe Kontakt mit der Welt und reagiere auf sie mit Gefühlen, Gedanken und meinem Bewertungssystem. Und das, was sich so offensichtlich spüren lässt, ist dann im Vordergrund meines Bewusstseins, wird mir immer bekannter, und ich konstruiere mir mein Persönlichkeitsbild aufgrund dieser Qualitäten, die ich in mir finde.

Natürlich gibt es auch die heilsamen Qualitäten, wie Freundlichkeit, Mitgefühl und Liebe. Aber auch hier gilt: Es sind Qualitäten, die ich habe, jedoch letztendlich auch nicht bin.

Und doch geht es darum, diese Qualitäten zu entwickeln, denn sie haben eine heilsame Wirkung auf mich und andere und machen das Leben für alle Beteiligten angenehmer.

Jetzt mal ehrlich: Wie oft haben Sie sich schlecht gefühlt, weil Sie Ihr Kind mal wieder angeschrien, Ihren Partner angeklagt, einen Freund beschuldigt oder Ihren Ärger gezeigt haben? Oder Sie haben schüchtern in der Ecke gestanden und schweigend etwas hingenommen, obwohl es innerlich in Ihnen aufschrie, haben nickend zugestimmt, obwohl etwas innerlich laut NEIN sagte. Und dann haben Sie sich selbst dafür verachtet, beschuldigt, angeklagt, missachtet, geringgeschätzt.

Willkommen im menschlichen Bereich!

All das kann passieren, all das hat seinen Platz, all das möchte angeschaut und, wenn nötig, korrigiert werden.

Wie gehe ich eigentlich mit mir selbst in manchen Situationen um, wenn ich mich mal wieder bewerte oder verurteile? Wie oft fühle ich mich schuldig für ein Verhalten, das ich bei anderen nie akzeptiert habe, aber jetzt bei mir selbst sehe?

Ein interessantes Phänomen kommt hier zum Tragen. Ich werde konfrontiert mit meinem Bewertungssystem, womit ich mich nun selbst bewerte: *„...und ach, die Strenge anderen gegenüber, muss ich sie nun an mir selbst erfahren?"*

Wenn ein Mensch in einer Lebenssituation ist, in der Qualitäten wie z.B. Ärger, Neid oder Gier ständig durch äußere Umstände aktiviert werden, erlebt sich dieser Mensch genau so: als unfreundlich, ärgerlich und als all die anderen nicht gerade als angenehm erlebten Gefühle und geistigen Zustände. Manche schämen sich für den gefühlten und öffentlich gezeigten Ärger oder den Neid und die Eifersucht, auch aus Angst, wegen dieser Qualitäten von anderen nicht mehr gemocht, geschweige denn geliebt zu werden.

Es ist mir wichtig, an dieser Stelle, immer wieder auf den Satz hinzuweisen:
„Alle diese Qualitäten habe ich, aber ich bin sie nicht!"
Wie hört sich das für Sie an? Nehmen Sie diesen Satz in sich auf.

Nicht als dogmatische Behauptung, sondern als Einladung, ihn zu überprüfen. Stimmt das denn überhaupt? Jetzt in diesem Moment, gibt es da Ärger in Ihrem Geist? Ist da eine Qualität wie Geiz, Neid usw.?

Wahrscheinlich nicht, denn Sie brauchen diese Qualitäten gerade nicht, es gibt nichts für sie zu tun. Sie hatten heute schon Hunderte von

Gedanken und Gefühlen, aber jetzt sind diese abwesend, und Sie leben trotzdem und sind gerade hellwach!

Ist das nicht verwunderlich? Aber vielleicht auch ein vorläufiger Beweis dafür, dass die oben gestellten Behauptungen irgendwie zutreffen.

Es kann sein, dass der Verstand rebelliert und meint, dass das alles ziemlicher Blödsinn ist, denn es geht den Selbstbildern langsam an den Kragen.

Gehen Sie spielerisch da heran, um eine gewisse Leichtigkeit in diese Betrachtung mit hineinzunehmen. Nehmen Sie mal eine Qualität, die Sie an sich überhaupt nicht mögen. Vielleicht ist es Ihr Ärger oder der Hass, der Neid, die Eifersucht oder die Rache.

Sagen oder denken Sie: ‚Ich habe diese Qualität, aber ich bin sie nicht‘.

Spüren Sie auch, dass diese Qualität gerade abwesend ist, aber potentiell jederzeit aufgrund von Umständen aktiviert werden kann. Sie sind hier, diese Qualität ist dort.

Nehmen Sie wahr, dass da ein Raum entsteht, ein Zwischenraum zwischen Ihnen und dieser Qualität.

Und die Frage drängt sich auf: *Wer sind Sie ohne alle diese Qualitäten?*

Identität, oder: Wer bin ich (nicht)?

Wer ein Bild von sich hat,
kommt sich nicht näher.

Aber, aber, aber, …

Jetzt kommt ein tragisches Element ins Spiel. Die Sache mit unserer Identität.

Genau aufgrund dieser verschiedenen Qualitäten entwickeln wir ein Bild von uns und zeigen uns damit der Welt. Wenn wir erst einmal unseren Platz in der Welt eingenommen haben und andere mit dem von uns präsentierten Bild vertraut sind, ist es schwer, dieses zu verändern oder gar aufzugeben.

Hier stellt sich auch die Frage: Was will ich in diesem Leben? Will ich weiterhin in dieser gefühlten Trennung und Einsamkeit bleiben, oder will ich eine liebevolle Verbindung mit mir selbst und anderen eingehen?

Genau deswegen ist es wichtig, diese Kräfte in mir kennenzulernen, sie zu verstehen, ja, auch sie zu würdigen und eine Wahl zu treffen, wie ich weiterhin damit umgehen will.

Wir haben ein bestimmtes Alltagsbewusstsein, spielen in diesem Alltag die verschiedenen Rollen und verstehen vielleicht selbst nicht, was wir da so tun und denken und wie wir in bestimmte Lebenssituationen gekommen sind.

Aber wer weiß schon, wer er oder was wir wirklich sind?

Wir können auf bestimmte persönliche Merkmale zeigen und sagen: Ich bin so und so alt, das ist mein Beruf, meine Familie, mein Gesundheitszustand. Aber wie wir wissen, kann sich das alles ändern. Viele Menschen geraten in Lebenskrisen, wenn ihnen die Anhaltspunkte für ihre Identität abhanden kommen. Wenn Menschen in den Ruhestand gehen, fällt ein wichtiger Bezugspunkt ihrer Identität weg, ihr Beruf.

Wo ist dann mein Halt, wenn ich mich zu sehr an diesen Beruf gehalten habe?

Aber vielleicht gibt es dann eine Neuorientierung. Anhalten, schauen, herunterschalten, Rückblick auf das gelebte Leben. Man sieht, wie man gelebt, worauf man reagiert hat, und es kann sein, dass der Verstand (das Herz) einen Riesenschreck bekommt, oder aber es entsteht eine große Freude. Vielleicht entdeckt man Qualitäten in sich, die man immer gefühlt und vermutet, aber noch nie wirklich gelebt hat.

Und man wird neugierig auf sich selbst und auf das Leben, was noch vor einem liegt.

Vielleicht kommt der Raum schaffende Satz in Erinnerung:

Alles, was ich da in mir finde, habe ich, aber ich bin es nicht.

Diese sehr wichtige Aussage bedarf dann näherer Untersuchung!

Sie ist eine zeitgemäße Umschreibung der buddhistischen Lehre, denn Buddha sagte, dass es nichts gibt, was einem selbst gehören oder zugeordnet werden könne.

Was mache ich mit solch einer Information?

Sie lädt dazu ein, sie zu überprüfen und mir ‚meine Einzelteile‘ mal genauer anzuschauen.

Machen Sie sich bereit für die kommenden Seiten und den zweiten Teil und freuen Sie sich darauf, als Amazone oder spiritueller Krieger oder als was auch immer Sie sich gerne bezeichnen würden.

Machen Sie sich bereit, zu finden, in dem Sinne, wie *Pablo Picasso* es unten so treffend formuliert:

ICH SUCHE NICHT, ICH FINDE

Suchen – das ist Ausgehen von alten Beständen
und ein Findenwollen von bereits Bekanntem im Neuen.

Finden – das ist das völlig Neue!
Das Neue auch in der Bewegung.
Alle Wege sind offen, und was gefunden wird,
ist unbekannt.
Es ist ein Wagnis, ein heiliges Abenteuer!

Die Ungewissheit solcher Wagnisse
können eigentlich nur jene auf sich nehmen,
die sich im Ungeborgenen geborgen wissen,
die in die Ungewissheit, in die Führerlosigkeit
geführt werden,
die sich im Dunkeln einem unsichtbaren Stern
überlassen,
die sich vom Ziele ziehen lassen und nicht menschlich
beschränkt und eingeengt das Ziel bestimmen.

Dieses Offensein für jede neue Erkenntnis
im Außen und Innen:
Das ist das Wesenhafte des modernen Menschen,
der in aller Angst des Loslassens
doch die Gnade des Gehaltenseins
im Offenwerden neuer Möglichkeiten erfährt.

Alle sind schon erleuchtet, nur ich noch nicht

Wir wissen es eigentlich schon:
Andere Menschen sind unser Spiegel.

Wenn ich einen Menschen betrachte, der gerade ärgerlich ist, dann sehe ich eigentlich dort auch den Ärger, den ich manchmal fühle. So verhält es sich auch mit anderen sogenannten Herzenstrübungen, wie zum Beispiel der Gier, dem Neid, der Eifersucht, der Verwirrtheit, den Rachegefühlen und all den anderen, die sich einfach manchmal zeigen.

Wenn ich sie bei einem anderen Menschen sehe, dann habe ich sie vielleicht gerade nicht in meinem eigenen Geist und kann so mit Abstand und Raum zwischen mir und diesem anderen Menschen diese Qualität sehr deutlich sehen: Das, was ich da drüben sehe, habe ich auch manchmal in mir.

In gleicher Weise verhält es sich auch mit heilsamen Qualitäten, wie zum Beispiel der Freude, der Liebe, dem Mitgefühl, der Großzügigkeit, der Gelassenheit, der Geduld, der Freundlichkeit und so weiter.

So verhält es sich aber auch noch mit anderen Dingen.

Ein kleines Kind erinnert mich daran, dass ich einmal ein kleines Kind war, und ein Jugendlicher oder ein junger Erwachsener haben ebenfalls eine Botschaft für mich.

Ein alter Mensch erinnert mich daran, dass auch ich das Potenzial eines alten Menschen in mir trage, vorausgesetzt, ich lebe so lange. Wenn ich einen kranken Menschen sehe, erinnere ich mich daran, dass ich das Potenzial von Krankheit in mir trage, und wenn ich einen toten Menschen sehe, dann weiß ich irgendwie tief drinnen, dass mein Körper eines Tages sterben wird.

Sowohl Herzenstrübungen als auch heilsame Qualitäten und auch andere Menschen in ihren verschiedenen Lebenszeiten und Situationen sind Botschafter für mich, das heißt, sie haben mir etwas mitzuteilen.

Was ich damit anfange, liegt bei mir, und ob ich es überhaupt sehe, auch.

Im (Tibetischen)-Buddhismus gibt es das sogenannte *Bodhisattwa*-Ideal.

Bodhisattwas sind verwirklichte, befreite Menschen, die es sich zur Aufgabe gemacht haben, erst dann in die endgültige Weite einzutauchen, nachdem sie alle Wesen, auch den letzten Weltling, aus dem Kreislauf von Geburt und Tod befreit haben.

Bodhisattwas müssen den Betreffenden natürlich dort abholen, wo er ist, und können ihn mit ihrer Weisheit nicht einfach so überrollen. Denn sie würden nicht verstanden werden.

Sie haben verschiedene Botschaften für diesen Menschen und müssen eben eine Form, eine Ausdrucksweise oder Situation wählen, damit ihre Botschaft auch ankommt.

Zur rechten Zeit etwas gehört oder gesehen zu haben, kann einen zum Nachdenken, Meditieren, Kontemplieren, Einsehen, Verstehen und Anhalten bringen.

Der letzte Weltling

Stellen Sie sich vor, Sie sind dieser letzte Weltling, der einfach noch nicht begriffen hat, dass es nichts gibt, das es wert wäre, zu sein, zu haben oder zu werden.

Immer wieder angetrieben von Ihrem Wollen, erhitzt von Ihrem Ärger, hin- und hergerissen von Eifersucht, Neid und Wut, geplagt von Stress, Ängsten, Sorgen und Depressionen, bewegen Sie sich auf Ihrer Bahn durch die Welt, immer auf der Suche nach dem großen Glück, der nie endenden Freude, der Verbundenheit mit allem, Ihrer Erfüllung, letztendlich nach Ihrem wirklichen Zuhause.

Stellen Sie sich weiterhin vor, dass alle Menschen, die Ihnen begegnen, *Bodhisattwas* wären. Alle Menschen, denen Sie begegnen, sind nur noch da, um Ihnen zu helfen, aus dem Kreislauf von Geburt und Tod zu entkommen und um Ihnen Ihr ursprüngliches Gesicht, Ihr wahres Selbst zu zeigen.

Alle geben Ihnen auf ihre Art und Weise eine Botschaft: der ärgerliche Mann, die eifersüchtige Frau, das kleine Kind, der kranke Mann, die tote Frau, der Mensch, der Sie gerade anspricht, ein anderer Mensch, der etwas tut, was Sie nicht mögen, wieder ein anderer Mensch, der etwas tut, was Sie mögen, na und so weiter.

Wenn Sie mal als Übung, so für eine Stunde, mit dieser Haltung und Sicht auf die anderen Menschen herumlaufen, kann etwas Wunderbares passieren. Sie reflektieren die Kontakte mit diesen Menschen anders, schärfen Ihre Achtsamkeit im Alltag, Sie werden sich Ihrer ständigen Reaktionen bewusst, Ihr Bewertungssystem wird Ihnen verdeutlicht und Sie sehen immer wieder den Bezug zu sich selbst. Das kann eine sehr verbindende Qualität in Ihnen erzeugen oder etwas, woran Sie noch gar nicht denken können.

Viel Freude dabei!

Im ursprünglichen Buddhismus, dem Theravada, bedeutet das Wort *Bodhisattwa* so viel wie: ein Wesen auf dem Weg zur Befreiung oder Erleuchtung.

Im tibetischen Buddhismus heißt das: ein Wesen, das andere zur Befreiung führt.

Hier ordnet man seine Existenz diesem Ideal unter, stellt seine eigene Befreiung oder Erleuchtung hinten an und gelobt, immer wieder erneut geboren zu werden, bis auch das letzte Wesen aus dem Daseinskreislauf von Geburt, Alter, Krankheit und Tod gerettet ist.

Mit anderen Worten geht es darum, alle Wesen zu befreien.

Aber vielleicht beinhaltet dieses Ideal ja auch noch einen anderen Aspekt?!

Vielleicht geht es darum, alle ‚Wesen‘, die in *mir* sind, zu befreien, allen diesen Persönlichkeitsanteilen Raum zu geben, sie aus dem dunklen Keller oder dem Gefängnis herauszuholen, wohin ich sie gesteckt habe, sie kennenzulernen und sie auch anzuerkennen, um dann neu zu entscheiden, welchen Nutzen und Wert dieser oder jene Anteil in meinem Leben hatte, hat und noch haben wird.

Sie können sich als einen *Bodhisattwa* betrachten, denn dass Ziel der kommenden Übungen im zweiten Teil ist es tatsächlich, diese inneren Wesen zu ‚befreien‘, sie in ihrer Nacktheit zu sehen und ihnen einen Platz zu geben, damit sie sein können.

Dann lade ich gerne wieder einige von ihnen ein, die Freude oder die Gelassenheit, aber auch den Ärger und den Perfektionisten. Auch wenn sie auf den ersten Blick manchmal sehr unerfreulich aussehen, sie haben alle eine Aufgabe zu erfüllen.

Wie weit ich sie laufen lasse und ihnen Raum gebe, kann ich nur bestimmen, wenn ich sie kennengelernt habe. Manche brauche ich vielleicht gar nicht mehr, andere nur selten und einige immer mal wieder oder immer öfter, je nachdem.

Aber um all das zu entscheiden, muss ich sie gut kennenlernen, damit sie nicht unerwartet und ohne Vorwarnung aus dem Untergrund agieren und mich dabei völlig überraschen, erschrecken und manchmal überrollen.

Nahtoderfahrungen

„… ist Bewusstsein im Körper
oder ist der Körper im Bewusstsein …"?

Niemand weiß wirklich, was Bewusstsein ist, obwohl es viele Theorien und Meinungen darüber gibt. Seit zirka fünfzig Jahren ist es möglich, Menschen, die für kurze Zeit klinisch tot waren, mithilfe eines Defibrillators und anderer Maßnahmen wieder ins Leben zurückzuholen.

Einige dieser Zurückgeholten berichteten anschließend von wundersamen Erlebnissen. Die meisten Ärzte nahmen diese Geschichten zur Kenntnis, gaben ihnen aber wenig Bedeutung.

Vor einigen Jahren erschien eine Studie zu diesem Thema, verfasst von dem Arzt und Kardiologen, Dr. Pim van Lommel. Er hörte sich zahlreiche dieser Geschichten von ‚Verstorbenen' an und untersuchte in Langzeitstudien die Berichte tausender Patienten, die Nahtoderfahrungen erlebt hatten.

Was geschieht mit uns, wenn wir sterben?

Die physischen Symptome sind Herz- und Atemstillstand und Gehirnaktivitäten können nicht mehr gemessen werden. Die Diagnose lautet: klinisch tot.

Kann man in diesem Zustand noch etwas wahrnehmen? Ja, sagt Dr. Pim van Lommel, denn Millionen von Menschen, die eine solche Phase überlebten, berichten darüber.

Seine These: Bewusstsein ist nach neuesten Erkenntnissen der Hirnforschung nicht im Körper lokalisierbar, und es hört nach dem Tod nicht auf zu existieren. Bewusstsein entsteht nicht im Gehirn. Vielmehr fungiert das Gehirn eher wie eine Antenne für Bewusstsein. Dr. van Lommel ist davon überzeugt, dass unser Bewusstsein unabhängig von unserem Körper existieren kann, auch nach dem Tod.

Was berichten die Patienten?

Die Erlebnisse sind sehr unterschiedlich. Manche sehen ein helles Licht am Ende eines Tunnels, manche hören Musik, andere berichten von schönen Landschaften oder erleben einen tiefen inneren Frieden. Ab und zu berichten die Patienten von einer außerkörperlichen Erfahrung. Sie betrachten sich selbst von oben während der Notoperation, die ihnen das Leben rettete.

In seinem Buch ‚Endloses Bewusstsein‘ gibt er folgende amüsante und gleichzeitig erstaunliche Geschichte wieder: Ein Mann starb während einer Operation und ein Krankenpfleger nahm seine Zahnprothese heraus. Als der vermeintlich Verstorbene eine Woche später aus dem Koma erwachte, bemerkte er, dass seine Zahnprothese verschwunden war. Kurze Zeit später traf er den Krankenpfleger auf dem Flur und sagte zu ihm: ‚Sie haben mir die Prothese herausgenommen und sie in die Schublade von dem und dem Schränkchen gelegt.‘ Dort war sie dann auch.

Er hätte es eigentlich nicht wissen können, denn er war zu diesem Zeitpunkt offiziell tot.

Er konnte sich auch detailliert an seine eigene Wiederbelebung erinnern. Er wusste, wie das Wiederbelebungszimmer aussah, er konnte den Instrumentenwagen im Detail beschreiben. Er beschrieb noch viele weitere Details, die von den Ärzten und Krankenschwestern nachträglich bestätigt wurden.

Und davon gibt es sehr viele Geschichten.

Obwohl bei einer Nahtoderfahrung das Gehirn nicht mit Sauerstoff versorgt wird, haben Patienten diese außergewöhnlichen Erlebnisse, und das kann nur bedeuten, dass unser Bewusstsein nicht im Gehirn entsteht. Würde Bewusstsein im Gehirn *entstehen*, wären Nahtoderfahrungen unmöglich.

Dr. Pim van Lommel ist der Ansicht, dass Bewusstsein schon vor der Geburt eines Menschen existiert und nach dem Tod fortbesteht. Alle Erfahrungen, die im Laufe eines Lebens gemacht wurden, werden dort

gespeichert. Auch die Emotionen und Gedanken anderer Menschen fließen in das endlose Bewusstsein.

Über unser Gehirn haben wir Zugang zu jenem Anteil, den wir als
unser eigenes Ich erleben. Die Hirnzellen fungieren dabei als eine Art
Antenne für Bewusstsein. Vergleichbar mit einem Mobiltelefon, das aus
den elektromagnetischen Feldern nur diejenigen Anrufe herausfiltert, die
für uns bestimmt sind. Der übrige Teil des ‚universellen‘ Bewusstseins
bleibt uns normalerweise verschlossen.

Während einer Nahtoderfahrung haben Menschen plötzlich freien
Zugang zum endlosen Bewusstsein, *unabhängig (!)* von ihrem Gehirn.

Diese Menschen erleben Erstaunliches: Sie begegnen Verstorbenen, sie
durchleben noch einmal ihre eigene Kindheit, manche ihre erste Liebe.
Die meisten von ihnen kehren verändert von ihrer Nahtoderfahrung
zurück und berichten, dass sich ihr Blick auf das Wesentliche im Leben
völlig verändert hat. Sie schätzen das Leben wieder mehr und sehen einen
tiefen Sinn darin. Manche Aspekte des Lebens, wie Erfolg, Karriere, Sta-
tus verlieren dagegen an Bedeutung. Stattdessen fühlen viele eine tiefe
Verbundenheit mit der Natur, gehen toleranter und einfühlsamer mit
ihren Mitmenschen und sich selbst um.

Vor allem aber verlieren sie die Angst vor dem Tod.

Angesichts der widerstreitenden Theorien zu diesem Thema ist es angebracht, sich nicht auf eine bestimmte Meinung festzulegen, da wir sie
ohnehin nur schwerlich verifizieren können.

Ich bin Dr. Pim van Lommel jedenfalls sehr dankbar für seine Untersuchungen, denn meiner Ansicht nach bestätigen sie die Aussagen zahlreicher Mystiker sowie einiger Wissenschaftler. Er leistet damit einen wichtigen Beitrag zur Erhellung der fundamentalen Frage, ob Bewusstsein
hirnerzeugt ist oder nicht.

An dieser Stelle möchte ich den Physiker und Wissenschaftstheoretiker
Erwin Schrödinger zu Wort kommen lassen: „...*die äußere Welt und das
Bewusstsein sind ein und dasselbe Ding. Die Vielheit ist bloßer Schein, in*

Wahrheit gibt es nur ein Bewusstsein. Die physikalische Theorie legt in ihrem derzeitigen Zustand entschieden nahe, dass der Geist nicht durch die Zeit vernichtet werden kann."

Und der chinesische ZEN-Meister Huang-Po sagte ca. 1000 Jahre vor Schrödinger:

> ‚… alle Lebewesen sind nichts als der ‚Eine Geist',
> neben dem nichts anderes existiert. Der Geist, der ohne
> Anfang ist, ist ungeboren und unzerstörbar. Er ist weder
> grün noch gelb, hat weder Form noch Erscheinung.
> Er gehört nicht zu der Kategorie von Dingen, die
> existieren oder nicht existieren. Auch kann man nicht in
> Ausdrücken wie alt oder neu von ihm denken.
> Er ist weder lang noch kurz, weder groß noch klein,
> denn er überschreitet alle Grenzen, jedes Maß, Namen,
> Zeichen und Vergleiche".

Das Ganze und die Einzelteile

> Die Beziehung, die wir zu anderen Menschen und
> Dingen haben, wird mitbestimmt durch den Abstand,
> den wir zu ihnen einnehmen.

Immer wieder hören wir von den großen Weisen der Welt den Hinweis, dass wir alle eins und nicht von dem Großen und Ganzen getrennt sind.

Ja, das ist durchaus nachvollziehbar, wenn ich mir vergegenwärtige, dass ich ja ständig etwas von da ‚draußen' brauche, um zu überleben. Da ist der nächste Atemzug, ohne den ich sterben würde. Dann das Wasser, das ich von da ‚draußen' nehmen muss, um meinen Körper zu erhalten, und die Nahrungsmittel natürlich auch.

Aus der Ichperspektive gesehen, kommt alles von da ‚draußen'.

Das ist alles klar und leicht nachzuvollziehen.

Der Abstand zu einem Objekt macht den ganzen Unterschied für folgende Betrachtung: Wenn Sie ein Glas Wasser vor sich stehen haben, sind Sie hier, und das Glas Wasser ist dort.

Es ist da ‚draußen'. Sie würden nicht sagen: Ich bin das Wasser in dem Glas.

Dann kommt die alles verändernde Bewegung: Sie nehmen das Glas, trinken das Wasser und das Wasser wird zu einem Teil von Ihnen, und das alles innerhalb von wenigen Sekunden.

Ist das nicht verwunderlich? Jetzt ist das Wasser zu einem Teil von Ihnen geworden.

Die gleiche Betrachtung könnten Sie mit der Atemluft und dem Kartoffelbrei anstellen.

Aber dann müssen Sie wieder Pippi machen und ein Teil des körpereigenen Wassers verlässt Sie wieder.

Erst waren Sie es, und dann nicht mehr… hmm …. ist doch irgendwie seltsam.

Diese Betrachtung können Sie auch mit den Persönlichkeitsanteilen üben.

Stellen Sie sich vor, Sie sitzen in der Mitte eines Dorfplatzes. Der Ärger wohnt dort drüben in einer vorgestellten Hütte. Dieser Ärger wird erst zu einem Teil von Ihnen, wenn Sie ihn auf den Dorfplatz einladen, wenn Sie ihn ‚trinken', das heißt, wenn er Ihren Bewusstseinsraum ganz einnimmt. Aber dann machen Sie wieder ‚Pippi' und der Ärger ist dann wieder dort drüben in seiner Hütte.

Wo fängt ICH an, und wo hört ICH auf? könnte ein Zen-Koan lauten.

Der Spiegel, oder wo bin ich?

Noch ein Bild:
Nehmen wir mal an, Sie haben sich noch nie in einem Spiegel gesehen, fühlen aber diese klare Bewusstheit und Wahrnehmungsfähigkeit in sich.

Stellen Sie sich weiter vor, Sie liegen auf Ihrem Bett, und die Zimmerdecke besteht aus einem riesigen Spiegel. Was sehen Sie? Einen Körper, das Bett, die Bettdecke, das Nachtschränkchen und alles andere, was der Spiegel da zeigt.

(Falls Sie sich in diesem Moment fragen würden: Wer bin ich?, würden Sie all das Wahrgenommene, also auch das Bett, die Bettdecke, das Nachtschränkchen und den Rest, als Ihr Ich betrachten, denn wir gehen ja bei diesem Beispiel davon aus, dass Sie Ihren Körper noch nie gesehen haben und somit gar nicht wissen, wo Sie anfangen oder aufhören.)

Stellen Sie sich nun vor, dass der Spiegel sich langsam von der Decke löst und eine Reise in den Raum macht. Langsam, aber stetig entfernt sich der Spiegel von Ihnen. Dieser Spiegel hat noch eine Eigenart. Er ist wie der Scheinriese bei Jim Knopf und Lukas: Je weiter er sich von Ihnen entfernt, desto größer wird er. Sie bemerken, wie sich der Spiegel mit der Umgebung Ihrer Stadt, Ihres Dorfes füllt. Sie sehen Wiesen und Wälder, Straßen und Plätze, auch andere Menschen und verschiedene Umgebungsmerkmale, bis der Spiegel schließlich direkt über Ihnen steht und den ganzen Erdball reflektiert.

Sie schauen weiter in diesen Spiegel. Können Sie sich selbst sehen? Wo sind Sie zu finden? Bemerken Sie aber bitte, dass Sie sich eigentlich anschauen und zu einer ungeahnten Größe angewachsen sind.

Stellen Sie fest, dass es Sie immer noch gibt, nur sehr erweitert.

Sie sind zur ganzen Erde geworden und alledem, was sich rechts und links, oben und unten noch im Spiegel zeigt. Wo ist jetzt Ihre Individualität noch zu finden?

Sie sind zu alledem geworden, Sie sind all DAS.

Das *Dhamma*-Auge und das weltliche Auge

Das weltliche Auge sieht, was es sieht: Formen und Farben.

Meist geben wir uns damit zufrieden: selektieren, bewerten und folgen unseren Zu- und Abneigungen. Wer erfreut sich nicht an einer schönen Form mit schönen Farben und angenehmen Gerüchen? Wir kennen das Spiel zur Genüge.

Das Dhamma-Auge sieht anders.

Es nimmt Farben und Formen auch wahr, bleibt aber da nicht stehen.

Es schaut weiter, tiefer und allumfassender, ohne in das Spiel der Zu- und Abneigungen zu verfallen. Es sieht, was das weltliche Auge nicht sieht, nicht sehen kann und manchmal nicht sehen will.

Nehmen wir die Gestalt eines schönen Menschen und nähern uns diesem Menschen etwas. Wir treten einen Meter an ihn heran und erfreuen uns des Schönen, was auch immer wir als solches bezeichnen. Dann gehe ich noch näher heran, vielleicht vor das Gesicht, und ich entdecke hier einige Falten und Härchen und einen kleinen Pickel.

Doch die Reise geht weiter. Ich gehe noch näher heran, so nahe, dass ich nur noch eine Pore sehe und dringe mutig in die Pore ein, ca. 2 mm unter die Außenhaut. Hier bemerke ich die verschiedenen Hautschichten, sehe die Fettablagerungen und die Blutgefäße.

Die Frage nach dem Schönen stellt sich nicht mehr.

Vielmehr werden die Funktionen der einzelnen Zellen deutlich. Es wird gesehen, dass Haut z.B. auf Nahrung, Licht und Wasser reagiert. Es wird gesehen, wie alles miteinander verbunden ist: Zellhaufen, Makromoleküle, Moleküle, Atome und deren Zellkerne. Ich kann weiterreisen und die verschiedenen Organe erkennen, sehe ihre Funktion und das Zusammenspiel miteinander. Und dann das Blut, das auf seinen Bahnen durch den Körper gepumpt wird und seine Funktion erfüllt, alles sehr nüchtern, funktional, rational und sachlich.

Wo ist außen, wo ist innen? Das ist nur eine Frage des Standpunktes!

Abschied

Verabschiedung oder Abschied ist auch nur die Vergrößerung des Raumes zwischen mindestens zwei Objekten. Als mein Vater starb, war ich gerade im thailändischen Dschungel und erhielt die Nachricht erst ca. zwei Wochen nach seinem Tod.

Innerhalb einer Woche war der Rückflug nach Deutschland organisiert, und ich blieb einige Wochen bei meiner Mutter. Als der Abschied kam, umarmte ich meine Mutter und die Frage stellte sich mir: Wo fängt Abschied eigentlich genau an?

Wenn ich sie loslasse und noch einen Meter vor ihr stehe? Wenn ich zwanzig Meter entfernt von ihr bin? Vielleicht erst, wenn ich im Auto zum Flughafen sitze oder gar erst im Flugzeug? Oder wenn ich wieder in Thailand angekommen bin?

Wo fängt Abschied an?

Abschied ist nur die Vergrößerung oder Erweiterung des Raumes zwischen mindestens zwei Objekten und hat nichts mit Trennung zu tun.

Hologramme

Ein Bildhologramm enthält bestimmte Informationen, und wenn es von einem Laser angestrahlt wird, erscheint dieses Bild dreidimensional. Die Dreidimensionalität solcher Bilder ist nicht das einzige bemerkenswerte Merkmal von Hologrammen.

Nehmen wir an, dass auf diesem Hologramm das Bild einer Landschaft gespeichert und zu sehen ist. Gehen wir weiter und stellen uns vor, das Bild, eine Glasplatte, fällt herunter und zerspringt in drei oder mehrere Teile. Was ist in den Einzelteilen zu sehen, wenn sie von einem Laser angestrahlt werden? In jedem Einzelteil sind *alle* Informationen des großen Bildes enthalten. Jedes Einzelteil beinhaltet die *gleiche* Landschaft, nur etwas kleiner.

Im Unterschied zu normalen Fotografien enthält jeder Teil eines Holo-gramms die Gesamtinformation des kompletten Bildes.

Die ‚Alles in Einem'-Eigenart eines Hologramms offenbart uns eine vollkommen neue Art des Verständnisses von Organisation und Ord-nung in der Natur.

Individuen sind Hologramme des großen Ganzen

Wir alle haben einen persönlichen Lebenslauf. Er beginnt mit unserer Geburt und hat einen Verlauf mit den dazugehörigen, meist aus der Bio-graphie ersichtlichen und nachvollziehbaren Geschichten.

Aber dann erleben Menschen Unerklärliches. Manchmal einfach so, manchmal aufgrund von Grenzerlebnissen, Meditationen oder aber durch psychoaktive Substanzen, wie LSD und andere. Menschen betreten einen transpersonalen Raum.

Sie erleben Dinge, denken Gedanken, haben Gefühle, die sie eigentlich nicht von sich kennen und die auch nicht ihrer Biographie entspringen. Auch sogenannte psychische Krankheiten, wie zum Beispiel die Schizo-phrenie, lassen Menschen Dinge erleben, die einfach als ‚verrückt' abge-tan werden. Aber vielleicht passiert hier etwas anderes.

Vielleicht öffnen sich Räume, die im ‚normalen' Bewusstseinszustand nicht erlebbar sind.

In anderen Kulturkreisen ist es ganz normal, über feinstoffliche Wesen zu sprechen, über Götter oder Dämonen oder, wie zum Beispiel im tibe-tischen Buddhismus, über andere Existenzbereiche. Auch der mittler-weile wissenschaftlich untersuchte Bereich der Nahtoderlebnisse lässt Menschen im Stadium des Hirntodes Dinge erleben, die sie eigentlich gar nicht hätten erleben dürften, weil sie klinisch tot waren.

Ich möchte das hier nicht weiter ausführen, aber eine These aufstellen: Wir Menschen sind wie die Einzelteile des Hologramms, ausgestattet mit allen Informationen der gesamten Menschheit, des gesamten Uni-versums.

Da wir aber als Person keinen *direkten* Zugriff auf alle Informationen haben, empfinden wir Unverbundenheit und Getrenntsein. Wir sind begrenzt und beschränkt auf den Erlebnisraum unserer Person. Und nachvollziehbarerweise kann bei diesem unbekannten Erleben Angst aufkommen.

Jedes mystische Erleben, jedes transpersonale Erleben gibt einen Hinweis dazu.

Ein mystisches Erleben ist die Auflösung der Ich-Grenzen und ist oft begleitet von einer Erkenntnis über die Einheit aller Dinge. Man erlebt die Verbundenheit mit allem und für diese Zeit ist die Trennung eines separaten Egos nicht fühlbar. Man erkennt die absolute Zeit, nämlich nur diesen einen Moment. Der Mensch fühlt sich in tiefer Verbundenheit mit dem Ganzen, mit Gott, und erkennt, dass er schon immer Gott oder das ,Alles' war und ist.

In diesem Erleben gibt es kein Selbst und keine anderen. Es gibt nichts, was stört, denn alles gehört dazu. Der innere Bewerter schweigt, denn es werden keine Unterscheidungen getroffen. Man erkennt die unendliche Weite, die durch nichts begrenzt ist.

Diese Erlebnisse passen aber nicht zu der biographischen Lebensgeschichte und werden von der Person als bedrohlich, fremd und angsteinflößend erlebt, weil es einfach keine Bezugspunkte zu der Biographie gibt, der *persönlichen* Biographie.

Aber wenn ich zum Ganzen geworden bin, ergibt sich eine ganz andere Biographie.

Nur wer reinen Herzens ist, wird in das Himmelreich eingehen

Jesu: „Wenn ihr die Zwei zu Eins macht und wenn ihr das Innere wie das Äußere macht und das Äußere wie das Innere und das Oben wie das Unten, und wenn ihr aus dem Männlichen und dem Weiblichen ein Einziges macht…, so werdet ihr ins Königreich eingehen".

JOHANNES-EVANGELIUM 17:21

Und nach all den Türen, die sich öffneten und wieder schlossen, und allen Rollen, die ich spielte und spielen könnte und auch noch spielen werde, ist für mich eins klar: Es geht immer nur um mich selbst in der reinen Form des Seins, in Verbindung mit meiner Kraft, die der Ausgangspunkt für mein Werden und mein Sein in der Welt ist.

Ein Sein ohne Namen, ohne Form und ohne Bezeichnung.

ZEN-Meister geben ihren Schülern folgendes Rätsel auf: „Wie sah dein Gesicht vor der Geburt deiner Eltern aus? Was ist dein ursprüngliches Gesicht? Was dein wahres Selbst?"

Jemand, Niemand und die Masken

Als wir aus dem Paradies vertrieben wurden, waren wir nackt und schämten uns unserer Nacktheit, und ab diesem Zeitpunkt fingen wir an, uns zu maskieren, und tun es heute noch.

Warum schämten wir uns eigentlich unserer Nacktheit und schämen uns immer noch? Vielleicht, weil wir nur nackt im Vergleich zu anderen sein können. Vielleicht schämen wir uns, weil wir jetzt unsere Kleinheit fühlen und unsere Größe und Weite veräußert haben. Wir haben die Größe gegen die Kleinheit eingetauscht, die offene Weite gegen die begrenzte Person.

Wir maskierten so den Urgrund des Seins, den Urgrund der Verbundenheit und begegnen uns selbst und anderen mit den jeweiligen Masken und fühlen so eine Verschiedenartigkeit, die es eigentlich und letztendlich gar nicht gibt. Dies war die Geburtsstunde der Trennung und der Individualisierung und wir machen heute noch die schmerzliche Erfahrung, ein Jemand sein zu müssen, ein Jemand, der sich von anderen unterscheiden muss, um ein Jemand zu sein.

Ein Jemand, er mit seinem Wollen durch das Leben läuft und ständig die Bestätigung seiner Individualität sucht, auf der Suche nach dem Niemand, der sich mit der grenzenlosen Weite des Seins verbindet und nichts Benennbares mehr sein muss.

Aber Jemand und Niemand können nicht zusammen existieren. Der Jemand muss sterben, damit der Niemand zu seinem ursprünglichen Recht kommt, frei, weit, benennungslos.

(Hat dann der Niemand den Jemand gut im Blick, kann er ihn ab und zu ‚auferstehen‘, seine Aufgaben erfüllen lassen und wieder auf seinen Platz zurückbitten.)

Die Masken wurden so zum direkten Bezugspunkt unserer Anteilnahme mit anderen Masken, unserer Anteilnahme am Leben und unserer Sicht auf uns selbst und andere, aber eben nur an den Anteilen und nicht an dem Ganzen. Wenn die Maske fällt, fällt auch mein Bezugspunkt zu der maskierten Person, für die ich mich meistens halte, denn das ursprüngliche, wahre Selbst hat keine Individualität, sondern ist der zeitlose Raum, in dem und durch den sich alles bewegt.

Jedes Gefühl, jeder Gedanke entsteht in Bezug zu einer Maske und der dazugehörigen Verkleidung. Da gibt es die schönen, bunten, glitzernden und leichten Masken und die grauen, schwarzen und schweren Masken. Alle haben ein dazugehöriges Lebensgefühl, und alle sind letztendlich nur Ausdruck der Unverbundenheit und ein Versuch, einigermaßen gut durch das Leben zu kommen.

Aber wo geht die Reise hin?

Bei klarer Betrachtung endet diese Lebensreise mit unserem Tod. Punkt.

Von hier aus gesehen waren alle unsere Bewegungen ein sinnloses Unterfangen, irgendwo ankommen zu wollen. Denn wir kommen nirgendwo an, oder besser, wir kommen irgendwo an, aber wir können da oder dort nicht verweilen, weder in einer Lebenssituation noch bei einem Gedanken oder Gefühl, denn die Unbeständigkeit ist der große Wandler und Verwandler all der Dinge, die aus Bestandteilen bestehen und aufgrund zahlreicher Ursachen zum Entstehen gekommen sind.

Aber genau genommen können wir ja auch nirgendwo ankommen, denn: Wir sind ja schon da! Jetzt gerade. Raum bewegt sich nirgendwohin.

Oder hatten Sie, egal in welcher Lebenssituation Sie gerade waren, jemals das Gefühl, nicht hier zu sein?

> Woher kommst Du?
> Ich komme daher, wohin ich gehe.
> Wohin gehst Du?
> Ich gehe dahin, woher ich komme.
> Wie machst du das?
> Indem ich da bleibe, wo ich bin.

Die ewige Bewegung des Werdens nannte Buddha *Samsara*, den ewigen Kreislauf von Geburt, Alter, Krankheit und Tod. Davon ist nicht nur der Körper betroffen, sondern alles, was aufgrund von Bedingungen entstanden ist: jeder Gedanke, jedes Gefühl, jede Meinung und jede Sichtweise und vor allem die Meinung darüber, wer oder was ich bin.

Was bleibt, ist das Spiel des Bewusstseins mit den Formen des Universums.

DER MENSCH, IN DEM DAS TAO WIRKT,

handelt ohne Begrenzungen.
Er verletzt kein Wesen mit seinem Tun,
und doch betrachtet er sich nicht
als freundlich oder sanft.
Er verfolgt keine eigenen Interessen
und schaut auch nicht auf andere herab, die das tun.
Er kämpft nicht darum, Geld zu verdienen,
und macht auch aus der Armut keine Tugend.

Er geht seinen Weg, ohne sich auf andere zu stützen.
Er erhöht sich nicht arrogant, weil er alleine geht.
Während er nicht mit den Wölfen heult,
beschwert er sich auch nicht über jene, die es tun.

Ruhm und Ehre haben für ihn keine Anziehung.
Scham und Schande berühren ihn nicht.
Er schaut nie nach dem Richtigen oder Falschen
Oder entscheidet immer für ‚Ja' oder ‚Nein'.

Die alten Weisen sagten deshalb:
Der Mensch, in dem das Tao wirkt, bleibt unbekannt.
Perfekte Natürlichkeit bringt nichts hervor.
Das „Nicht-Selbst" ist das „Wahre Selbst"
Und der großartigste Mensch ist „Niemand".

REIME VON CHUANG TZU

Heute ist Ihr Geburtstag,

und ich möchte Ihnen dazu herzlichst gratulieren.

Sie sind jetzt angekommen, in diesem Moment Ihres Lebens, und wenn Sie zurückblicken, tja, wenn Sie zurückblicken, was ist dann?

Es ist so viel geschehen in allen diesen Jahren, die volle Bandbreite von Erlebtem: das Schöne, das Nichtschöne, Begegnungen, Erlebnisse, Freude, Glück, Leid und Trauer, letztendlich und zurückschauend alles nur Geschichten, in denen das erlebt wurde, was man als Mensch erleben kann.

Doch alle diese Dinge haben eines gemeinsam, jetzt in diesem Moment, wo Sie das hier lesen: Sie kamen und sie gingen auch wieder, so ist DAS.

Das Ende, das Vergehen von etwas, macht wieder Platz für neues Erleben, nach den gleichen Prinzipien des Entstehens – Verweilens Vergehens.

Es fühlt sich manchmal wie viele Geburten und viele Tode an, im Kleinen und dann auch irgendwann im Großen. Ja, bei Geburt muss man auch an den Tod denken, der Vollständigkeit halber, die Augen offen lassen, auch dafür.

Die Antwort auf die Frage „Wer bin ich?" orientiert sich oft an der Sicht, die andere auf mich haben, an den Dingen, die ich tue, was ich habe und glaube zu sein, daran, was ich denke oder fühle. Auch wenn sich das alles ändert, gibt es mich ja immer noch.

Die Frage nach dem Sinn stellt sich auch manchmal, aber mangels nachvollziehbarer Antworten tritt sie auch wieder in den Hintergrund und das Zitat des Benediktinermönchs Willigis Jäger: „Wir sind *nicht* Menschen, die spirituelle Erfahrungen machen, sondern spirituelle Wesen, die menschliche Erfahrungen machen" öffnet zwei Türen: eine Eingangs- und eine Ausgangstür und erlaubt das Fließen in beide Richtungen. Aber vor allem erlaubt es das Fließen mit den Dingen, die geschehen. Wir erinnern uns an den Rat der Weisen, die Geschehnisse des Lebens ihrer naturgemäßen Entsprechung weiterziehen zu lassen.

Und dann kurz vor der Ausgangstür ein Blick auf meine Hände: Sind sie leer?

Ja, eigentlich schon, doch sie wollen noch so vieles halten. Die Angst geht um vor dem, was man nicht kennt. Dinge wollen gehalten, aber nicht festgehalten werden.

Auch hier gilt: Erlaubnis geben und vielleicht auch etwas Vertrauen in die Richtigkeit natürlicher Prozesse…

Dann der Gedanke: Wenn ich mir meines eigenen Todes vollkommen bewusst wäre, wäre dann nicht jeder Tag, nein, jeder Moment ein großes Geschenk?

Und man hat die Wahl, sich immer wieder zu fragen: Was ist zu korrigieren, wo muss ich mich entschuldigen oder mir selbst verzeihen? Was ist eigentlich wirklich wichtig?

Den Raum, den eigenen Bewusstseinsraum klären! Habe ich mein Herz geöffnet, das so oft verletzt worden ist und weiterhin verletzlich bleibt? Das Herz, wo die Liebe ihren Ausgangspunkt hat, der Ort, wo gefühlt wird, wo es manchmal eng und manchmal weit ist?

Was ist oder bleibt, wenn ich über die Unterschiede zwischen uns Menschen hinwegsehe, wo schaue ich dann hin, wo komme ich an…?

Ja, liebe Leserin, lieber Leser, Geburtstag kann auch diese Betrachtungen hervorbringen.

Aber da ja jeder Tag eine Art Geburt ist, eine Geburt in diesen Moment hinein, möchte ich Ihnen nicht nur für diesen Tag, sondern für den Rest Ihres Lebens *Gesundheit* wünschen, die ja alles andere als selbstverständlich ist. Wie alt ist Ihr Körper heute?

Und *Wahrheit*, das Ding, das aus sich alleine heraus existiert: Man kann sich ihr nähern, damit oder danach leben oder es auch sein lassen. Aber gewiss ist, dass sie einen berühren wird, irgendwann.

Dann wünsche ich Ihnen die gute, liebe *Freiheit*.

Ein großes Wort, ja, ich weiß, aber trotzdem ist sie wohl das höchste, dieses Wort, oder vielmehr die Bedeutung, die sich dahinter verbirgt. Nisargadatta sagt dazu: „Freiheit heißt nicht, zu tun und zu lassen, was man will, sondern zu wissen, was zu tun ist".

Viele verschiedene Auffassungen ließen sich hier noch anreihen, so hat doch wohl jeder noch seinen eigenen Geschmack davon, für sich.

Und dann ist da noch die *Liebe.*

Auch hier ein großes Wort oder das größte überhaupt. Vielleicht, weil die Unermesslichkeit der Liebe nur in Größe beschrieben werden kann und auch weil sich in ihr Wahrheit und Freiheit treffen, Ausdruck von ihr sind. Liebe, die immer da ist, nicht unterscheidet und die Einzigartigkeit jedes Wesens sieht, ohne die Stacheln der Zu- und Abneigung in sich zu beherbergen. Sie ist der höchste Zustand, der letzte, so sagen manche Weisen.

Ja, alles das wünsche ich Ihnen für alle Zeiten und Geschichten, die da kommen mögen.

PS: …und wie wird Ihr Gesicht aussehen, wenn die letzte Maske fällt? Das erfahren Sie im zweiten Teil …

ZWEITER TEIL
Die Stimmen des Selbst

Tauche deinen Geist in den Ozean
deiner eigenen Intuition.
Betritt den Ozean deines wahren Wesens.
Es ist ein ‚mystisches Etwas',es ist nicht logisch.
Dein Selbst ist das Unfassbare.

MOOJI

Im ersten Teil habe ich Geschichten erzählt, Situationen dargestellt, Menschen zitiert und Behauptungen aufgestellt. In allen Geschichten spielen Menschen die Hauptrolle und vor allen Dingen spielen die Kräfte die Hauptrolle, die man Persönlichkeitsanteile, Teilpersönlichkeiten und Herzenstrübungen nennt, aber sie tragen noch viele andere Namen.

Aber vor allem geht es um diesen inneren Raum, der der Schauplatz für alle diese Ereignisse ist. Es geht um das, was das alles erlebt, den *Puh Ruh*, das Ich oder Selbst, die Qualität in uns, die weiß.

Wir sind alle auf unserer ganz persönlichen Lebensreise genau da angekommen, wo wir gerade sind. So viele Geschichten erlebt, so viele Gedanken und Gefühle, die kamen und wieder gingen!

Es ist Zeit, anzuhalten, immer mal wieder, auch wenn es nur für ein paar Momente ist.

Vielleicht reicht es aus, etwas Raum zu schaffen, Freiraum, um besser im Leben zurechtzukommen. Es wäre schon sehr viel gewonnen, wenn wir uns von den verschiedenen Persönlichkeitsanteilen wieder schnell verabschieden könnten, nachdem sie ihren Job geleistet haben, um ein Gefühl der Ruhe, des Friedens, des Hierseins und einer gefühlten Weite erleben zu können.

Auf den folgenden Seiten lade ich Sie ein, diese Anteile kennenzulernen, ihre Funktion zu verstehen, ihren Nutzen zu erkennen, sich immer wieder auf den Raum zu beziehen und vor allem, und das ist mir wirklich wichtig, immer wieder die Frage zu stellen und zu untersuchen: *Bin ich diese Anteile oder habe ich sie nur?*

Historisches

Die Psychosynthese

Zunächst möchte ich einen kleinen Ausflug in die Vergangenheit machen.

Das erste Mal hörte ich das Wort ‚Teilpersönlichkeiten‘, als ich mich mit der Psychosynthese beschäftigte. Diese Therapieform wurde von dem Arzt Roberto Assagioli (1888-1974) begründet. Er wies auf die Begrenzungen psychoanalytischer Konzepte hin, die den Menschen damals (1910) auf die biologischen Triebe reduzierten und nicht in seiner Ganzheit sahen.

Die Psychosynthese hat das Anliegen, die Realität der Seele (Bewusstsein) anzuerkennen und Freude, Sinn, Erfüllung, Kreativität, Liebe und Weisheit ebenso mit einzubeziehen wie Impulse, Triebe und Bedürfnisse. Weiterhin flossen die wissenschaftlichen Erkenntnisse aus Medizin und Psychologie und auch die Weisheitslehren der Völker in dieses Konzept mit ein. Das Menschsein wurde in einen größeren Rahmen und eine umfassendere, spirituelle Verbundenheit und Teilhabe eingebunden.

Eines der bekanntesten Zitate von Assagioli aus dieser Zeit:

> Ich habe einen Körper, aber ich bin nicht mein Körper.
> Ich habe Gefühle, aber ich bin nicht meine Gefühle.
> Ich habe Wünsche, aber ich bin nicht meine Wünsche.
> Ich habe einen Geist (Gedanken),
> aber ich bin nicht meine Gedanken.
> Ich bin ein Zentrum aus reinem Bewusstsein.

Na, hört sich das nicht mittlerweile sehr vertraut für Sie an?

Der Dialog der inneren Stimmen

Dr. Hal und Dr. Sidra Stone entwickelten den ‚Dialog der inneren Stimmen' als Methode, mit den Persönlichkeitsanteilen in Kontakt zu kommen und unsere verschiedenen inneren Stimmen, auch Energien, Persönlichkeitsanteile oder Teilpersönlichkeiten genannt, kennenzulernen. Alle inneren Stimmen werden akzeptiert, ohne sie als gut oder schlecht zu bewerten. Es ist wichtig, keine dieser inneren Stimmen zu verurteilen oder zu verneinen, sondern sie allesamt zu Wort kommen zu lassen. Am Ende der Arbeit mit den inneren Stimmen steht ein freieres und bewussteres Selbst. Unsere Wahlmöglichkeiten im Alltag erhöhen sich, und unsere inneren Teilpersönlichkeiten stehen uns hilfreich zur Seite.

Big Mind/ Big Heart

Ein ehemaliger Zen Mönch, Genpo Roshi, entwickelte den Big-Mind-Prozess und wollte westliche psychologische Elemente des ‚Voice Dialogues‘ mit östlichen Elementen der Zen-Meditation verbinden und somit westliche Schattenarbeit mit östlicher Lichtarbeit zusammenbringen. Dieser Prozess identifiziert die inneren Stimmen in uns und hilft, sie anzuerkennen und gehenzulassen, so dass Raum entsteht für das große ‚Ich bin‘, jenseits von Begrenzungen: „Eine tiefgründige, klare und praktische Verbindung aus westlicher Psychologie und Zen-Buddhismus, die uns auf direktem Weg zum Erleben unseres wahren Selbst führen kann."

Der Anfang, die Fragen, die Antwort (?)

Die große Frage: Wer bin ich? wurde von den großen Weisen dieser Welt immer wieder gestellt und auch beantwortet. Doch was nutzt die beste Antwort, wenn ich sie nicht selbst nachvollziehen kann? Wie schmeckt das beste Essen, wenn ich die Beschreibung nur im Kochbuch lese oder von anderen höre?

„Erkenne dich selbst" ist die Aufforderung, die schon Platon zum Erforschen anbot. Mystiker aller Zeiten und religiöser Richtungen haben an dieser Stelle geforscht und ihre Erkenntnisse mitgeteilt.

Meister Eckhart, ein christlicher Mystiker, sprach von dem Seelengrund, wo kein Ich, kein Selbst mehr zu finden ist, sondern dass das, was da ist, nicht verschieden von Gott ist. Nach Abzug der persönlichen Merkmale des Ichs setzte er den Seelengrund gleich mit Gott. Das, was wir sind, das, was Gott ist, ist in diesem Seelengrund nicht mehr zu unterscheiden. Es ist die Vereinigung mit Gott, das Nach-Hause-Kommen oder das Ankommen im Seelengrund.

Ein indischer Weiser, Sri Nisargadatta Maharaj, sagte, dass wir letztendlich nicht das sein können, was sich ständig ändert, wie unser Körper, unsere Gefühle, Gedanken, Wünsche und Wahrnehmungen. Sein Rat war, herauszufinden, was sich nicht ändert.

Ich lade Sie zu dieser Erkundungsreise ein

Das, was sich ständig ändert,
kann letztendlich nicht ‚Ich' sein!

Das ist eine These, die behauptet, dass ich weder mein Körper, meine Gefühle noch meine Gedanken bin, denn diese verändern sich ständig.

Aber es gibt da etwas, das all das wahrnimmt und sich all dieser Dinge bewusst ist.

Jetzt, während Sie das hier lesen, ziehen da gerade irgendwelche Gedanken durch Ihren Geist? Oder Gefühle irgendwelcher Art? Gibt es da jetzt gerade etwas, was Sie mögen oder nicht mögen?

Sie wissen aber auch, dass Sie gestern Gedanken, Gefühle, Meinungen, Reaktionsweisen und so weiter hatten. Wo sind diese jetzt gerade? Geben Sie mir Recht, wenn ich sage: Sie kamen und sie gingen?

Was ist mit Ihrem Körper? Bleibt er über die Jahre gleich oder verändert er sich? Die Antwort ist klar. Wie ist es mit den Beziehungen zu Ihren Mitmenschen, bleiben sie gleich oder verändert sich da etwas? Wir könnten das endlos so weiterspinnen.

Und nun die Einladung: Zeigen Sie mir etwas, wovon Sie glauben, dass es Ihr Selbst, Ihr Ich, Ihr individuelles Kennzeichen ist. Das, was sich nicht ändert, nicht vergeht, sondern unverändert bleibt. Finden Sie da etwas?

„Alles, was sich ständig verändert, kannst du nicht sein."

Hier haben wir einen Hinweis auf eine Qualität, der verschiedene Bezeichnungen gegeben werden können: Geist, Seele, Bewusstsein, Gewahrsein, Bewusstseinsraum, Seelengrund, wahres Selbst oder einfach nur dieses natürliche Gefühl: ‚Ich Bin'.

Es ist diese geistige Qualität gemeint, die jetzt aus Ihrem Körper ‚herausschaut', die einfach nur ist und erst mal keinen Namen hat.

Verändert sie sich auch? Oder ist sie eher wie eine Art leerer Raum, *durch* den all die Gedanken, Gefühle, Wünsche, Wahrnehmungen usw. ziehen?

Es mag etwas ungewohnt sein, sich auf diese Denkweise einzustellen. Betrachten Sie es wie ein Spiel oder Experiment. Es gibt hier nichts zu glauben, finden Sie es für sich selbst heraus. Sie sind Ihre eigene Autorität, immer!

Was entdecken Sie im Alltag in diesem bewussten Raum, in Ihrem Geist?

Es ist diese Flut von Gedanken und Gefühlen mit all Ihren ‚Farben'.

Sie finden Geisteszustände wie Wollen oder Ablehnung, Freude und Ärger, Neid und Eifersucht und Großzügigkeit. Sie finden Sorgen und Ängste, Gleichmut, Gelassenheit und vieles mehr.

In jedem von uns sind also unzählige innere Stimmen oder Persönlichkeitsaspekte am Werk.

Wer spricht und handelt da in uns? Wer ist wirklich für bestimmte Aufgaben zuständig? Wenn zum Beispiel das Opfer oder das verletzliche Kind für unsere Beziehungen Sorge tragen, müssen wir uns nicht wundern, wenn unser Leben dann so läuft, wie es von diesen Qualitäten angeführt wird.

Wenn der Kontrolleur oder der Perfektionist unser Leben bestimmen, könnte es sich bald sehr trocken und langweilig anfühlen, und auch Ängste können sich einstellen, weil es immer die Möglichkeit gibt, etwas nicht kontrollieren zu können, und andere sind manchmal eben perfekter als wir.

Diese Geisteszustände färben Ihren Bewusstseinsraum und je nachdem, welche Färbung gerade vorherrscht, fühlen Sie sich dementsprechend, geben sich einen entsprechenden Namen und eine Identität.

Ein Beispiel:
Stellen Sie sich eine Badewanne mit reinem, klarem Wasser vor.

Dieses Wasser ist einfach nur klar und sein Merkmal ist nass. Sie nehmen jetzt fünf kleine Gläser, in denen sich fünf verschiedene Farben befinden, beispielsweise blau, rot, gelb, grün und lila. Dann schütten Sie den Inhalt dieser Gläser in die Wanne.

Was passiert?

Die Farben durchdringen das Wasser, vermischen sich miteinander, und das einst klare Wasser ist jetzt zu einer farblich undefinierbaren Brühe geworden, obwohl das Wasser immer noch nass ist und eigentlich auch klar, nur jetzt ist es gefärbt.

Stellen Sie sich nun die gleiche Ausgangssituation vor: eine Badewanne mit klarem, reinem Wasser. Wieder haben Sie fünf Gläser mit den fünf Farben. Nur jetzt sind die Farben mit Öl angerührt. Dann schütten Sie den Inhalt dieser Gläser in die Wanne.

Was passiert?

Die gleiche Menge an Farben ist jetzt im Wasser, aber sie vermischen sich nicht. Das Wasser bleibt klar und rein, außer dass darin einige Farbkleckse treiben.

Das Wasser steht für unseren Geist, die Farben für die verschiedenen Geisteszustände und das Öl für die Achtsamkeit oder die Kenntnis dieser Geistzustände.

Unsere Gefühle und Emotionen, unsere Gedanken und Wahrnehmungen sind einfach nur das, was sie sind, und haben eine bestimmte Aufgabe zu erledigen.

Auch Ärger, Neid oder Eifersucht haben ihre Aufgabe, ebenso Gedanken und Gefühle.

Eine Tendenz in uns möchte mit so manchen Geistzuständen einfach nichts zu tun haben, und wir schicken sie ganz weit weg von uns, um sie nicht erleben zu müssen, um so ein halbwegs akzeptables Selbstbild von uns zu erhalten, einmal für mich selbst und zum anderen für meine Umwelt. Aber: diese ‚Dinge' sind nicht weg, Sie haben sie nur in einen Keller gesperrt, und dort warten sie auf eine Gelegenheit, um sich wieder bemerkbar zu machen.

Die spirituelle Amazone, der spirituelle Krieger

Ich möchte die Amazone, den Krieger in Ihnen ansprechen.

Denn nur sie haben den Mut, die Energie und die Ehrlichkeit, diesen schwierigen und auch freudvollen ‚Kampf' aufzunehmen. Aber vielleicht fühlen Sie auch eine Dringlichkeit in sich, diesen Dingen auf die Spur zu kommen, weil sie Sie immer mal wieder überraschen oder überrollen. Und vielleicht ist es möglich, der großen Frage: Wer bin ich eigentlich wirklich? durch eigenes Erleben und Erforschen etwas näher zu kommen oder sie gar zu beantworten?!

Es kann auch hilfreich sein, die Frage anders zu stellen: Was kann ich eigentlich nicht sein?

Amazonen und Krieger ziehen in einen Kampf, der nicht in der Außenwelt stattfindet.

Es ist ein Kampf, der im Inneren stattfindet. Es sind die Begegnungen und Auseinandersetzung mit den Herzenstrübungen oder den Persönlichkeitsanteilen, die ich nicht an mir oder anderen mag und manchmal gar nicht kenne.

Sie zeigen sich urplötzlich in bestimmten Situationen. Deshalb müssen wir diese Anteile kennenlernen. Sie sind einerseits unsere Lehrer und andererseits auch unsere Feinde. Aber wenn ich meine Feinde kenne, ihre Stärken und Schwächen kennenlerne, kann ich sie irgendwann zu meinen Verbündeten machen.

Denn solange ich sie nicht kenne, haben sie Macht über mich, und wenn ich sie kenne, habe ich Macht über sie.

Oft hegen wir die Ansicht, dass diese Anteile oder Herzenstrübungen etwas Böses, Schlimmes, Schlechtes sind, auch weil wir sie als etwas Unerwünschtes betrachten.

Ich möchte hier anmerken, dass diese sogenannten Herzenstrübungen wie Ärger, Wut, Gier, Neid, Eifersucht, Angst usw. auch Qualitäten haben, die positiv wirken können. Alle diese Anteile haben einen Grund, da zu sein, und in der Evolution der Menschheitsgeschichte waren sie notwendige Voraussetzung, um jagen, kämpfen und beschützen zu können.

Hätten Höhlenmenschen diese Qualitäten nicht gehabt, wären sie verhungert und schutzlos anderen Kräften ausgeliefert gewesen. Ohne diese obengenannten Kräfte hätten sie sich und andere nicht verteidigen und beschützen können.

Diese Qualitäten hatten eine wichtige Funktion in der Kette der Evolution. Sie garantierten uns das Überleben. Wir haben sie als Erbschaft der Evolution immer noch in uns. Sie sind im ältesten Teil unseres Gehirns, der Amygdala, angelegt.

Immer wenn das innere Warnsystem anspringt: Achtung! Aufgepasst! Gefahr!, kann das bedeuten, dass ich mich oder andere durch eine Angstreaktion wie Flucht, Erstarren oder Angriff schützen muss. Eine der Hauptfunktionen dieser Anteile ist es also, mich und andere zu beschützen.

Aber wie oft komme ich heutzutage in Situationen, wo es wirklich ums Überleben geht?

Für mein Essen muss ich nicht kämpfen, sondern kaufe es im Geschäft, und für die Regelung meines ‚Territoriums' gibt es Gesetze.

Heutzutage spielen sich Konflikte auf anderen Schauplätzen ab, auf denen sich diese Anteile entfalten. Einige dieser beliebten Schauplätze sind die Autobahn oder die Fußballarena, der Arbeitsplatz, Beziehungen, Meinungsverschiedenheiten und viele mehr.

Wogegen kämpfen die Amazone und der Krieger eigentlich?

Oder ist „kämpfen" das falsche Wort? Vielleicht geht es eher darum, diese Kräfte nicht nur kennen zu lernen und ihnen zu begegnen, sondern sie zu sortieren und einen Umgang mit ihnen zu finden, damit sie mich nicht überwältigen und ich sie sogar ganz bewusst einsetzen kann.

Und wenn sie mich doch manchmal überwältigen: Na und?! Dann habe ich etwas gelernt!

Das ist die Aufgabe, die sich vielleicht manchmal wie ein Kampf anfühlt.

Habe ich diese Kräfte dann erlebt, gefühlt, erkannt und auch geschätzt, kann ich sie wieder auf ihren Platz bitten und gehenlassen.

Die ‚negativen' Emotionen
(... und ein etwas anderer Blick darauf...)

Oft sehen wir bei anderen Menschen Persönlichkeitsaspekte, Eigenschaften, Qualitäten oder sogenannte ‚negative' Emotionen, die wir eigentlich auch selbst haben. Wenn Sie sie bei sich selbst entdecken, gibt es verschiedene Formen des Umgangs damit.

a) Sie verleugnen sie und schauen darüber hinweg.

b) Sie geben ihnen ein wenig Raum, finden eine Menge Rechtfertigungen dafür und schauen dann darüber hinweg.

c) Sie verdammen sich dafür und fühlen sich schlecht.

d) Sie akzeptieren sie und wissen, dass Sie sie nur haben, aber nicht sind, und dass ein Weg gefunden werden kann, damit umzugehen. (Hier wollen wir hin!)

Alle diese ‚negativen‘ Emotionen sind zunächst einmal eine Form von Energie, die eine bestimmte ‚Färbung‘ unseres Geistes zur Folge haben und das Potential in sich tragen, mich zum Handeln zu bringen.

Alle Emotionen sind eine Erbschaft der Evolution und haben eine Aufgabe zu erledigen. Man könnte sie auch als Werkzeuge betrachten, die sortiert werden müssen, damit sie ganz gezielt eingesetzt werden können.

Im Geist aufkommender Ärger zum Beispiel ist eine sehr mächtige Kraft, die uns antreiben kann zu kämpfen, ohne die das Kämpfen gar nicht denkbar wäre.

Manchmal muss man kämpfen oder beschützen, weil es die Bedingungen des Lebens gerade erfordern. Aber können wir den Ärger auch wieder in den Werkzeugkasten zurücklegen, wenn es für ihn keine Aufgabe mehr zu erledigen gibt?

Lassen Sie uns einen Blick darauf werfen, wie wir diese verschiedenen Eigenschaften, Eigenarten, Emotionen oder Qualitäten auch noch betrachten können.

Bleiben wir beim Ärger:

Wenn wir uns ärgern, hatten wir Kontakt mit etwas, das wir nicht mögen. Ärger setzt eine Grenze oder errichtet eine Mauer, um etwas nicht hereinzulassen. Wir schützen uns oder andere in dem Moment, gebieten Einhalt. Weiterhin aktiviert er gewisse ‚Waffen‘, wie laute Worte oder bezeichnende Körpersprache, um uns weiterhin zu schützen. Ärger ist eine wichtige Qualität, um erst mal anzuhalten, um jemandem da draußen ‚Stopp!‘ zu signalisieren. Er gibt uns so Raum, genauer auf etwas zu schauen und dann neu zu entscheiden.

Nehmen wir Neid:

Neid ist eine Reaktion, die sieht, dass jemand etwas hat, was man selbst gerne haben möchte. Ich sehe, wie sich ein anderer über etwas freut, und ich möcht mich auch über etwas freuen, über das, was er zum Beispiel hat. Nicht dass ich es ihm nicht gönne, sondern ich will das auch haben. Man könnte auch sagen: Neid ist eine Form der Großzügigkeit für sich selbst, dass man sich das für sich selbst auch wünscht, was jemand anderes hat, und man möchte sich auch etwas Gutes tun, etwas Gutes bekommen.

Nehmen wir Angst:

Angst fühlt sich nie gut an. Sie ist aber letztendlich ein Warnsystem, das mich dazu befähigt, entweder zu kämpfen oder zu flüchten. Sie schützt mich vor Gefahren, macht mich auf etwas aufmerksam und zeigt mir manchmal, dass ich eine falsche Richtung in meinem Leben eingeschlagen habe.

Nehmen wir Sorge:

Auch Sorge fühlt sich nie gut an. Auch hier werde ich darauf hingewiesen, dass es verschiedene nicht kalkulierbare Ereignisse im Leben gibt und ich mich da irgendwie vorbereiten sollte. Sie hilft mir, Möglichkeiten abzuwägen, um mehr Sicherheit zu fühlen.

Manchmal können uns sogenannte ‚negative‘ Gefühle ein tiefes Einsehen in unsere Reaktionsweisen bescheren und uns mit Erkenntnissen beschenken, wie folgende Geschichte zeigt.

Himmel und Hölle

Ein kampfbewährter Samurai-Krieger ging einst zu einem Zen-Mönch und sagte zu ihm: „Zeige mir Himmel und Hölle". Worauf der Zen-Mönch antwortete: „Das würde ich gerne tun, aber ich denke, du bist zu dumm und einfältig, um es zu verstehen."

Wutentbrannt und voller Zorn zog der Samurai sein Schwert und wollte den Mönch sofort enthaupten. Worauf der Mönch sagte: „Das ist die Hölle".

Der Samurai hielt inne und erkannte, dass der Mönch fast sein Leben geopfert hätte, um ihm diese Erfahrung zuteil werden zu lassen. Voller Dankbarkeit und Freude verneigte sich der Samurai vor dem Mönch, worauf dieser ihm sagte: „Und das ist der Himmel".

Die Suche nach dem wahren Selbst

… erzählen Sie, wer Sie sind, ohne über Ihren Beruf,
Ihr Haus, Ihr Auto oder Ihre Familie zu sprechen …

Gehen Sie in Kontakt mit dem Ich- oder Selbstgefühl, diesem Gefühl von „Ich bin", und achten Sie darauf, was der Verstand Ihnen über Sie selbst erzählt.

Lassen Sie all diese Vorschläge zu, die er Ihnen anbietet: Ihr Beruf, Ihre soziale Stellung, Ihre politische Überzeugung, Ihr Körper und Ihr Alter, Ihre gesundheitliche Verfassung, Ihre verschiedenen Meinungen und Auffassungen, Ihr Auto, Ihr Mann, (oder Ihre Frau), Ihre Familie, Ihr Bankkonto. Was genau davon halten Sie für Ihr Selbst oder Ich?

Schauen Sie, ob es da eine engere Auswahl gibt.

Von dem, was nun im Vordergrund steht: Was genau davon halten Sie für Ihr Selbst oder Ich?

Überprüfen Sie für sich, ob von all den Dingen, die Sie für Ihr Ich oder Selbst halten, etwas stabil bleibt oder nicht verändert werden kann. Gibt es da irgendetwas, das sich nicht ändert oder vergehen wird oder vergehen kann?

Bleiben Sie dabei und gehen Sie eine Sache nach der anderen durch. Sie sind Ihre eigene Autorität!

Haben Sie etwas gefunden? Wenn ja, dann lassen Sie es mich bitte wissen, damit ich dann meine eigene Kontemplation über dieses Thema korrigieren kann.

Ich kann Ihnen mitteilen, was ich gefunden habe. Nichts habe ich gefunden, was sich nicht ständig verändert oder verändern kann.

Nur eine Sache: eine bewusste innere Aufmerksamkeit, das Gewahrsein der Tatsache: *Ich bin hier.* Es hat keine Farbe und hat keine Form. Es ist ein natürlicher Zustand von Hiersein, Dasein, im Jetzt sein. Eine Art empfangsbereiter Aufmerksamkeit, groß und weit wie offener Raum, der die verschiedenen Gedanken, Gefühle usw. empfängt, der alles, was sinnlich oder gedanklich wahrgenommen werden kann, einfach nur empfängt, das, was mit anschauen muss, darf oder kann, wie sich auch alles wieder verabschiedet. Was bleibt?

Manche Dinge mögen wir, andere nicht, und hier bleiben wir dann oft an unseren Vorlieben hängen. Ja, und da hängen wir dann fest, mit der Färbung dieses Dinges. Je länger wir da hängenbleiben, desto vertrauter wird uns dieses Ding, desto mehr halten wir dann dieses ‚Ding‘ für unser Selbst, unser Ich und als einen Teil unserer Identität.

Und dann vergehe ich, oder zumindest ein Teil von mir, mit diesem Ding, wenn es seiner Natürlichkeit folgt. Es gibt bei den Dingen, die sich ständig ändern, kein Verweilen!

Aber Sie müssen hier nichts glauben, sondern Sie erforschen diese Fragen und gestellten Behauptungen.

Die nachfolgende Betrachtung über das Nicht-Ich, möchte das nochmal veranschaulichen.

Nicht-Ich

Was mit ‚Nicht-Ich' gemeint ist, möchte ich hier in Form einer praktischen Betrachtung nochmal verdeutlichen: Erlauben Sie den verschiedene Gedanken, Gefühlen, Empfindungen, Emotionen, allen inneren und äußeren Wahrnehmungen da zu sein, ohne etwas damit tun zu müssen.

Was auch immer Sie in sich oder an sich wahrnehmen, können Sie es erleben, ohne stillschweigend davon auszugehen, der Besitzer davon zu sein, dem all dies widerfährt?

Wenn Sie ein Körpergefühl spüren, können Sie es erleben als bloß ein Körpergefühl und nicht als ‚mein' Körpergefühl?

Wenn Sie einen Gedanken erleben, können Sie ihn erfahren als einen Gedanken und nicht als ‚meinen' Gedanken?

Bemerken Sie, inwieweit es Ihnen gelingt, diese Empfindungen bloß als Empfindungen zu sehen und nicht als ‚meine' Empfindungen.

Können Sie Gedanken denken, ohne der Besitzer davon zu sein?

Einfach nur Gedanken und nicht ‚meine' Gedanken'?

Das Gleiche können Sie üben mit Qualitäten wie Angst, Schuld, Sorgen, Ärger, Traurigkeit, Langeweile, aber auch mit Freude, Mitgefühl, Großzügigkeit und so weiter.

Können Sie mit *allen* Qualitäten wohlwollend umgehen, egal, wie sie sich gerade anfühlen? Sie einfach da sein lassen, genau so, wie sie sind, ohne der Besitzer davon zu sein?

Falls Sie gegen diese Betrachtung etwas Widerstand verspüren, ist das ganz normal, denn Sie haben vielleicht das Gefühl, Ihnen werde etwas genommen und Sie müssten bekanntes Gebiet aufgeben.

Wir nehmen an, dass wir Dinge wirklich besitzen. Das liegt auch an der Sprache, die wir benutzen. Wir sagen: Das ist mein Körper, meine Frau, mein Mann, mein Kind und nehmen an, dass das wirklich so ist. Und das machen wir unser ganzes Leben lang.

Wir haben verschiedene Dinge angehäuft und gehen davon aus, dass sie uns gehören.

Buddha sagte: ‚Wenn du die Dinge wirklich besitzt, solltest du auch fähig sein, diese Dinge zu kontrollieren.'

Können Sie irgendetwas wirklich kontrollieren? Können Sie Ihren Körper kontrollieren und bestimmen: ‚So, das Alter, das ich jetzt habe, reicht mir. Älter will ich jetzt nicht mehr werden und krank schon gar nicht'!

Wissen Sie, welche Empfindung Sie in zwei Minuten haben werden oder in einer Stunde? Wissen Sie, welche Gedanken oder Gefühle Sie in zehn Minuten haben werden?

Wir haben in Bezug auf uns selbst über Gedanken und Gefühle oder äußere Ereignisse kaum Kontrolle, (wir haben eine eingeschränkte Fähigkeit, etwas Einfluss zu nehmen, aber letztendlich keine Kontrolle).

Können Sie zu all diesen ‚Dingen' in Beziehungen gehen, ohne das Gefühl zu haben, der Besitzer davon zu sein?

Auch in zwischenmenschlichen Beziehungen kann die Betrachtung über das ‚Nicht-Ich' nützlich sein. Wenn wir uns zum Beispiel von einem anderen verletzt fühlen, verletzen wir den anderen oft wieder: ‚Wie du mir, so ich dir.'

Wenn Sie sich das nächste Mal verletzt fühlen, können Sie einfach nur beobachten, dass Sie sich verletzt fühlen, ohne jemanden zu beschuldigen? Ohne in die reaktiven Handlungen, wie bestrafen oder wieder verletzen, zu verfallen?

Wir fühlen uns in Beziehungen auch deshalb verletzt, weil wir ein Bild, eine Vorstellung davon haben, wie dieser Mensch zu sein hat. Wenn die andere Person unserer Vorstellung, unserer Erwartung, unserem Bild entspricht, ist diese Person für uns ein wunderbarer Mensch. Aber Menschen tun oft das, was sie wollen, auch wenn es uns nicht gefällt.

Wenn wir wirklich erkennen, dass wir letztendlich keine Kontrolle haben, lernen wir, uns dem hinzugeben, was passiert. Wir lernen mit dem Leben zu fließen. Das heißt aber nicht, dass wir total passiv werden, sondern dass unsere Handlungen aus dem Raum des Verstehens, der Weisheit und der Liebe geschehen.

Und zu guter Letzt kommen wir an der Frage nicht vorbei: Wer erlebt diesen Schmerz, wer erlebt diese Gedanken und Gefühle? Wer erlebt das alles?

Wie sich Individualität bildet

Im großen Ozean sind alle Wassertropfen miteinander verbunden. Sie fließen mit den Gezeiten und tanzen mit dem Wind. Dann kommt jemand daher mit verschiedenen Tassen oder Bechern in der Hand, die verschiedene Farben haben und verschieden groß sind.

Er nimmt diese Tassen und füllt sie mit dem Wasser des Ozeans.

Nehmen wir weiter an, dieses Wasser hat Bewusstsein und wird sich der Form und Farbe des Behälters bewusst, in dem es nun ist.

Es kann aber auch wahrnehmen, dass es andere Behälter gibt. Dieses Wasser passt sich der Form und Farbe des Behälters an und hält sie nun für sein Ich, und die anderen Behälter nimmt es als getrennte ‚Ichs‘ wahr.

Die Individualität ist geboren, und das Wasser hat vergessen, woher es kam.

Die vorher gefühlte Einheit hatte keine besonderen Kennzeichen außer der Freiheit zu sein, ohne Unterscheidungen oder Bewertungen, ohne Grenzen und Beengungen.

Aber es bleibt eine Erinnerungsspur an den großen weiten Ozean erhalten, die gefühlte Sehnsucht nach Verbundenheit.

Buddha verglich das Resultat seiner Lehre mit dem Ozean: ‚So wie der große Ozean nur einen Geschmack hat, nämlich den von Salz, so hat meine Lehre auch nur einen Geschmack, nämlich den von Freiheit'.

Schauen wir uns später die ‚Behältnisse' näher an, das Wasser darin und die Dinge, die in dem Wasser herumschwimmen.

Das Tragische an der Identität

Haben wir erst einmal ein Bild von uns erschaffen, uns bestimmte Namen gegeben und Identitäten angenommen, ist es schwer, wieder von diesen abzulassen.

Wir suchen uns dann oft die Situationen, die uns diese Identitäten bestätigen. Wir haben sie oft benutzt und ausprobiert und wir wissen immerhin, wie die Umwelt auf meine gezeigte Identität reagiert, wir wissen, was zu tun ist, man kennt uns so, wir kennen uns so und es fühlt sich sicher an, aber nicht unbedingt gut.

Ein Beispiel: Sozialarbeiter erzählen oft von Frauen, die sich aus langjährigen gewalttätigen Beziehungen nicht lösen können und über viele Jahre Misshandlungen ertragen haben. Ein Teil in ihnen leidet sehr darunter, ein anderer Teil findet aber auch eine Art sicheren Hafen, weil etwas Bekanntes fast schon Heimisches und Vertrautes gefühlt wird, weil sie es vielleicht auch zu Hause so erlebt haben.

Manchmal haben wir einen unausgesprochenen ‚Vertrag' mit jemandem da drüben: „Solange du mir die Masken und Rollen abnimmst, die ich dir vorspiele, solange werde ich es auch bei dir tun. Wenn ich dein neues Auto bewundere, dann bewundere du gefälligst auch mein neues Haus. Lache über meinen Witz, dann lache ich über deinen. Nimm mir die Show ab, die ich dir vorspiele, und ich spiele auch in deiner Show mit."

Wer bin Ich?

Das ‚Ding‘, das die Bühne für all diese Teilpersönlichkeiten, Gefühle und Gedanken ist, nennen wir Ich oder Selbst, Geist oder Bewusstsein.

Es ist jener Bewusstseinsraum, der uns das Gefühl gibt: Ich bin.

An das ‚Ich bin‘ hängen wir die verschiedenen Attribute wie ärgerlich, freundlich, geizig, ängstlich, neidisch, großzügig, schlau, dumm, reich, arm usw., eben das, was wir in uns entdecken.

Die Erfahrung zeigt allerdings, dass all diese Attribute im wahrsten Sinne des Wortes nur Anhängsel sind und sich schnell verändern können. Das ‚Ich bin‘ bleibt. Das, ‚Ich-bin-dieses-oder-jenes‘ ändert sich ständig. Wer ist das ‚Ich bin‘ ohne Attribute?

Die großen Weisen bestehen darauf, dass wir unendliches Bewusstsein sind, erfüllt von Liebe, Mitgefühl, Weisheit und Stille.

Die letztendlichen Fragen haben wir bei uns: Wer bin ich wirklich? Was ist mein wahres Selbst und was mein wirkliches Zuhause?

Ob diese Fragen eine Beantwortung finden, weiß ich nicht.

Aber Schritt für Schritt, ohne große Anstrengung, nähern wir uns ihnen an, und vielleicht entfaltet sich diese Einsicht im Laufe Ihrer eigenen Untersuchungen, Ihrer eigenen Betrachtungen und Beobachtungen.

Bleiben Sie weiterhin in der Haltung des Erforschens, und ich wünsche Ihnen viel Freude und erkenntnisreiche Momente dabei.

EINFÜHRUNG IN DIE PRAKTISCHEN ÜBUNGEN

Die folgenden Seiten sind wie ein Seminar oder Workshop aufgebaut. Sie werden aber Ihr eigener Befrager und sogleich der Befragte sein. Wenn Sie mit diesen Übungen langsam vertraut werden, können Sie sich immer wieder einen dieser Persönlichkeitsaspekte oder eine Teilpersönlichkeit vornehmen, mit ihr noch vertrauter werden und sie besser kennenlernen.

Die Übungen gliedern sich zunächst in vier Schritte

1. *Erkennen:* Hier geht es darum, sich eines gewissen Persönlichkeitsaspektes bewusst zu werden und zu erkennen, dass Sie ihn haben.
2. *Kennenlernen:* Werden Sie mit diesem Persönlichkeitsaspekt vertraut, lernen Sie ihn immer besser kennen. Jeder hat eine bestimmte Qualität, eine Art Geschmack. Er spielt in bestimmten Situationen Ihres Lebens eine bestimmte Rolle, hat eine Aufgabe und eine Position im Gesamtgefüge Ihrer Persönlichkeit.
3. *Akzeptieren:* Manche dieser Persönlichkeitsaspekte mögen Sie, andere nicht und wieder andere sind Ihnen gänzlich unbekannt. Manche sind entwickelt, andere sind weniger entwickelt, manche kennen Sie gut, andere weniger gut oder gar nicht.
   Schließen Sie Frieden mit jedem dieser Anteile, auch wenn Sie ihn noch so wenig mögen.
4. *Integrieren:* Dies ist das völlige Annehmen dieses Persönlichkeitsaspekts und die sich entwickelnde Fähigkeit, diese Persönlichkeitsaspekte im Alltag gezielt einzusetzen und wieder zurückzurufen, einzuladen und wieder auszuladen.

Die drei Hauptbestandteile der Übung:

1. Das *Ich*, das heißt: Sie und Ihr Gefühl von ‚Ich bin‘.
2. Die *Persönlichkeitsanteile* und ihre Stimmen.
3. Der *Raum* zwischen Ihnen und den Persönlichkeitsanteilen.

Diese drei ‚Teile‘ interagieren miteinander in einem Tanz, einem Spiel, einem Experiment, und vielleicht fühlt es sich auch manchmal wie ein Kampf an.

An dieser Stelle möchte ich die Begriffe ‚Selbst‘ oder ‚Ich‘ nochmal definieren, wie sie im Laufe der kommenden Übungen verwendet werden.

Als ‚Selbst‘ oder ‚Ich‘ bezeichne ich dieses Gefühl in Ihnen, das weiß, dass es Sie gibt; diejenige Qualität in Ihnen, die wach und bewusst ist und Erfahrungen macht.

Dieses Gefühl von ‚Ich‘, an das keine Attribute gehängt werden.

Es ist dieses *Puh Ruh*, die Qualität in Ihnen, die weiß.

Um mit den Persönlichkeitsanteilen in Kontakt zu kommen, gibt es verschiedene Methoden.

Eine Methode ist:

- die Persönlichkeitsanteile einzuladen,
- sie direkt anzusprechen und zu befragen,
- sie antworten zu lassen,
- sie dann wieder freundlich auszuladen und in ihren Bereich zurückzuschicken,
- den Raum *zwischen* sich und dem jeweiligen Persönlichkeitsanteil deutlich zu fühlen.

Dabei ist es hilfreich, sich beispielweise vorzustellen, dass Sie in der Mitte eines großen Platzes, einer Wiese oder an einem anderen Ort sitzen.

Sie können sich auch vorstellen, im Zentrum eines afrikanischen Dorfes zu sitzen.

Um dieses Zentrum herum stehen verschiedene Hütten oder Häuschen, und in jeweils einer dieser Hütten wohnt eine Teilpersönlichkeit, ein Persönlichkeitsaspekt.

Sie müssen aber noch nicht wissen, welcher Persönlichkeitsaspekt in welcher Hütte wohnt, nur, dass sie dort wohnen.

Dies wird veranschaulicht durch die nachfolgende Grafik:

In jeder Ellipse unten wohnt jeweils eine Teilpersönlichkeit/ Persönlichkeitsanteil.

Im Zentrum ist das empfangsbereite ‚Ich bin‘.

(Das ‚Ich bin‘ ist später die Gastgeberin, der Gastgeber für diese Anteile, die eingeladen, befragt und wieder freundlich ausgeladen werden.)

Und bitte bemerken Sie, dass es sehr viel RAUM zwischen diesen Anteilen und dem ‚Ich bin‘ gibt. Ohne diesen Raum wäre nichts möglich.

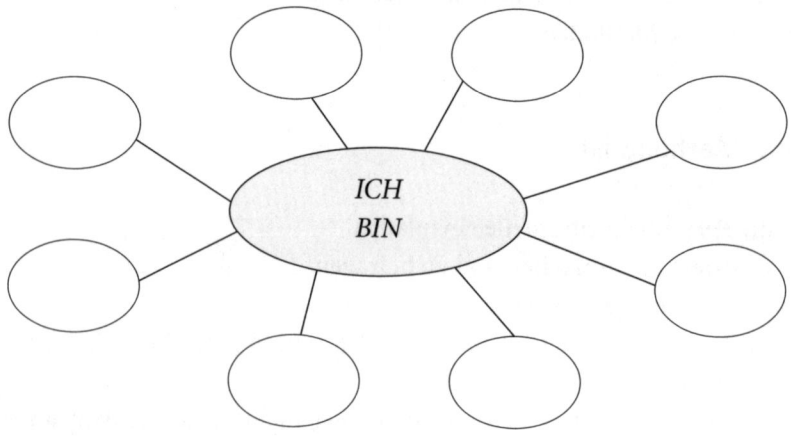

Kennenlernen der Persönlichkeitsanteile

„Das, was du anschaust, geht, und das,
was du nicht anschaust, bleibt".

AUS: GESPRÄCHE MIT GOTT

Um einen Persönlichkeitsanteil kennenzulernen, ist es hilfreich, sich
in eine Situation hineinzuversetzen, in der Sie diesen Anteil schon mal
erlebt haben oder wissen, dass er sich da melden würde.

Beispiel: Stellen Sie sich vor, Sie sehen, wie Ihr Kind von einem größeren
Jungen angegriffen wird. Was passiert in Ihnen? Es kommt zur ,Geburt'
des Beschützers und Sie können beobachten, wie in Ihrem Bewusstseinsraum, je nach Situation, verschiedene Gefühle, Gedanken und somit
Reaktionsweisen entstehen.

Laden Sie alles an ihm ein, akzeptieren Sie alles an ihm, auch das
Schlimmste, was er tun könnte. Ihn vollkommen anzunehmen und auch
in seiner Aufgabe zu würdigen, gibt diesem Teil die Möglichkeit zu sein
und Ihnen die Möglichkeit, diesen Teil kennen zu lernen.

Dann kann dieser Teil befragt werden:
Was ist deine Aufgabe?
Was tust du für mich?
Wirst du gesehen und gewürdigt?
Entfaltest du dein Potential?
Was ist deine Angst oder dein Gegenspieler?

Einladen – Ausladen

Manchmal überrollen uns verschiedene Teilpersönlichkeiten nahezu
unbemerkt, weil wir völlig in die Gewohnheit des Reagierens verstrickt

sind: die Ungeduld an der roten Ampel, der Ärger über eine Bemerkung, das innere Kind bei einem Nein, einem Verbot und der gefühlten Ablehnung und so weiter.

Auch wenn die betreffende Situation schon längst vorbei ist, die Ampel schon lange auf Grün geschaltet hat, die ärgerliche Bemerkung schon lange verklungen ist, bleibt oft ein emotionaler Nachhall, ein ‚komisches‘ Gefühl oder ein Geschmack zurück.

Der geistige Raum ist nicht frei, sondern weiterhin von der emotionalen Reaktion besetzt.

Wie kann ich diesen Raum wieder leeren, wie bekomme ich ihn wieder frei?

Benennen Sie die Qualität, die Sie gerade spüren, aber ohne sich dafür in irgendeiner Weise zu beurteilen. (Ich sollte, müsste, hätte und ich dürfte nicht.)

a) Sie bemerken: Ich *habe* gerade Ärger in meinem Geist. (anstatt, ich *bin* ärgerlich.)
b) Dieser Ärger kam zu mir, weil ich dieses oder jenes nicht will, ablehne, nicht mag.
c) Brauche ich ihn jetzt noch? (vielleicht verdeutlichen Sie sich kurz die Funktion des Ärgers: zum Beispiel, dass er Sie schützt, dass er stopp und nein sagt, Grenzen zieht und ablehnt durch Worte oder Handlungen.)
d) Dann können Sie dieser Qualität für ihr Auftreten danken und sie freundlich wieder ausladen, in ihren Bereich zurückzugehen. (In eine der Hütten am Rande des Platzes.)

Im Alltag besuchen uns diese Persönlichkeitsanteile meist ganz uneingeladen.

Wenn sie nicht erkannt werden, besetzen sie unseren inneren Raum und lassen so andere Persönlichkeitsanteile nicht mehr herein oder lassen sie nur unvollständig herein.

Wenn zum Beispiel der Ärger bleibt, ist kein Platz mehr für die Freude.

Ein Arbeitskollege erzählt Ihnen: „Ich bin befördert worden und habe mir ein neues Auto gekauft." Hier könnten sich zwei Persönlichkeitsanteile melden. Der Neid: Was fühlen oder denken Sie, wenn diese Qualität auftritt?

Vielleicht: ‚Das ist nicht fair, ich wäre dran gewesen, immer bekommen die anderen das', na und so weiter. Aber eigentlich sagt der Neid: „Ich will das auch haben".

Denn der Neid ist ja noch keine Missgunst, die wiederum anderen nichts gönnt, egal, wie viel Sie selbst haben.

Auch hier:

1. Ich *habe* gerade Neid in meinem Geist, anstatt, ich *bin* neidisch. (Diese kleine Unterscheidung macht den großen Unterschied, immer wieder!)
2. Brauche ich ihn jetzt noch?
3. Danken Sie für seine Mitteilung und laden Sie ihn wieder freundlich aus.

Auf der anderen Seite könnte sich auch die Mitfreude melden: ‚Hey, dass freut mich sehr, ja, du hast es auch verdient, sonst wärst du nicht befördert worden. Und ein neues Auto, schön für dich und deine Familie.'

Auch die Mitfreude laden Sie nach einiger Zeit wieder freundlich aus und danken ihr für die Mitteilung. Vielleicht bemerken Sie für sich, dass die eine Qualität Sie mit anderen verbindet und die andere Qualität Sie von anderen trennt.

Die Geburt eines Persönlichkeitsanteils

Vor Jahren war ich mit meinem damals vierjährigen Sohn auf dem Weihnachtsmarkt.

Alle großen Pferde des Karussells waren leider besetzt, und so setzte er sich auf ein kleines Pferd. Der Betreiber kam und sammelte die Chips ein, und ich roch aus seinem Mund eine Alkoholfahne. Sein Gesicht brachte er sehr nahe an meins, und er wirkte etwas ‚daneben‘. Nun, all das registrierte ich einfach nur und irgendetwas in meinem Gehirn ordnete diese Wahrnehmungen als das ein, was irgendwie als ‚Gefahr, Vorsicht, Achtung‘, abgespeichert wurde.

Ich stand dann so ein paar Meter weiter weg und sah plötzlich, wie der Betreiber nach meiner Wahrnehmung meinen Sohn am Arm nahm und ihn von dem kleinen Pferd herunterriss. Ich war überraschend schnell bei ihnen und sagte laut zu dem Betreiber: ‚Fassen Sie mein Kind nicht an, lassen Sie ihn sofort los!‘ Beide (auch mein Sohn) schauten mich überrascht an. Ich fragte Samuel: ‚Hat er dich eben vom Pferd gerissen?‘ ‚Nein, Papa‘, war die Antwort, ‚er wollte mich auf das große Pferd dort setzen.‘

Etwas beschämt entschuldigte ich mich für meine Wortwahl und mein Verhalten beim Betreiber.

Was war geschehen?

Der *Beschützer* wurde ‚geboren‘.

Seine Aufgabe ist es zu schützen. Dazu braucht er auch die Wut, die ihm Kraft und Entschlossenheit gibt. Er sieht meist nicht das Ganze an der Situation, sondern reagiert einfach ganz schnell, und das muss er auch, um seinen Job zu erledigen.

Das ist seine Natur. Er handelt erst und fragt später.

Damals wunderte ich mich über mich selbst und machte mir sogar leichte Vorwürfe über meine Reaktion. Im Nachhinein bin ich diesem Teil in mir sehr dankbar, dass er da ist, dass ich mich auf ihn verlassen kann, dass er Kraft und Mut hat und dass sich diese ‚Stimme meines Selbst‘ meldet und handelt, wenn die Zeichen dementsprechend stehen.

Denn auch folgender Gedanke ist beim Beschützer manchmal vorhanden: „Wer sich zum Schaf macht, wird von den Wölfen gefressen“. (Und wer will das schon?)

Als ich dann diese ganze Reaktionsweise erkannt und die Teilpersönlichkeit benannt hatte, wurde es wieder ruhig in mir.

In anderen Situationen rühren sich andere Teilpersönlichkeiten: der Kontrolleur, das Opfer, das Kind, der Skeptiker, der Gierige, der Rebell, der Trotzkopf, die Angst und viele mehr und Teilpersönlichkeiten, die auf der sogenannten ‚anderen‘ Seite stehen, wie der Liebevolle, die Kraft, die Freude, der Großzügige, die Mitfühlende, der Gelassene, das große Herz, der Weise und viele mehr.

Lernen Sie diese Persönlichkeitsanteile immer besser kennen!

Sie *alle* haben eine Funktion. Manche brauchen wir, andere irgendwann nicht mehr oder immer weniger. Manche müssen entwickelt, andere zurückgehalten werden.

Das werden Sie im Laufe der Übungen und Ihres Lebens selbst entscheiden.

Einladung der Persönlichkeitsanteile

1. Wenn Sie diese Übungen alleine machen, geht es erst einmal darum, dass Sie sich etwas Freiraum schaffen, sich für die Dauer der Übung unerreichbar machen für Handy, Telefon, E-Mails und andere Menschen.

2. Setzen Sie sich auf einen bequemen Platz, lenken Sie Ihre Achtsamkeit auf das Hier und Jetzt, indem Sie sich Ihres Körpers bewusst werden, Ihre Atmung spüren und den Raum, um Ihren Körper wahrnehmen.

3. Dann stellen Sie sich vor: Sie sitzen in der Mitte eines afrikanischen Dorfes (es kann auch jeder andere Platz sein). Das ist ein neutraler Ort

des Seins, ohne etwas Besonderes zu sein, einfach nur frei und leer. So wie ein leerer Raum, der nichts ist, außer er selbst.

Diesem Raum geben wir den Namen: Ich bin.

Es ist etwas gewöhnungsbedürftig, nichts Bestimmtes zu sein und an das ‚Ich bin' keine Attribute zu hängen, aber betrachten Sie es als ein Spiel oder Experiment.

4. Stellen Sie sich weiterhin vor, dass um diesen Platz verschiedene Hütten stehen, und in jeder dieser Hütten wohnt ein Persönlichkeitsanteil von Ihnen. Sie müssen aber noch nicht wissen, welcher Anteil wo wohnt, sondern Sie stellen nur fest: Ich bin hier und diese Anteile sind dort, und bemerken Sie den RAUM zwischen sich und diesen Hütten.

5. Nun laden Sie einen Anteil ein.
Beginnen wir mit dem Kontrolleur, um einen Anfang zu finden. (Später können Sie jeden Anteil einladen, der Sie interessiert und den Sie gerne befragen möchten).

6. Es ist hilfreich, Ihren Körper ein wenig zu bewegen, die Schultern etwas hochzuziehen und wieder entspannt hängen zu lassen, Ihren Oberkörper leicht nach rechts und links zu bewegen, vielleicht die Arme etwas auszuschütteln. Entspannen Sie Ihren Körper.

7. Dann denken Sie innerlich oder Sie sagen es laut vor sich hin: *Ich bitte um Erlaubnis, mit dem Kontrolleur zu sprechen.*
Dann lesen Sie unten, was er zu sagen hat. Es kann sein, dass Ihr Kontrolleur Ihnen noch andere Dinge anbietet als derjenige, den ich hier ‚sprechen' lasse, und das gilt auch für die anderen Persönlichkeitsanteile. Lassen Sie sich überraschen.

8. Dann kann dieser Teil befragt werden:
   • Was ist deine Aufgabe, was tust du für mich?
   • Wirst du gesehen und gewürdigt?

- Entfaltest du dein Potential?
- Was ist deine Angst oder dein Gegenspieler?

Oder Sie haben noch ganz andere Fragen.

9. Wenn Sie keine weiteren Fragen an ihn haben, laden Sie ihn wieder aus: *Ich danke dir für dein Sein und deine Mitteilungen und lade dich freundlich aus, wieder in deinen Bereich zu gehen.*
Schließen Sie kurz die Augen und stellen Sie fest, dass SIE in der Mitte des Platzes sitzen und der KONTROLLEUR wieder in seiner Hütte ist, und spüren Sie den RAUM dazwischen.

Um einen Eindruck von den Persönlichkeitsaspekten und ihren Qualitäten zu bekommen, können Sie die Antworten der einzelnen Persönlichkeitsanteile natürlich einfach nur lesen und auf sich wirken lassen.

Es gibt hier keine Garantie für die Vollständigkeit der beschriebenen Persönlichkeitsanteile. Schauen Sie selbst, was für Sie ergänzt werden müsste oder sollte.

Manche Anteile sind sehr ausführlich, andere wieder sehr knapp beschrieben.

(Aber das hat wohl etwas mit dem Temperament des Autors zu tun.)

Es lässt Ihnen Raum für Ihre eigenen Betrachtungen und die für Sie richtigen Ergänzungen. Es soll ja auch Spaß machen!

Dann wünsche ich Ihnen viel Freude und erkenntnisreiche Momente beim Erforschen der Persönlichkeitsanteile und Ihres weiten Raums.

> Öffne dich für deine eigene Vielfalt und erkenne,
> dass Du nicht das sein kannst,
> was sich ständig verändert.
> Sei der Raum, in dem ‚du' stattfindest.

Und los geht's mit der Befragung

Ich bitte um Erlaubnis, mit dem Kontrolleur zu sprechen.
Was ist deine Aufgabe?

Der Kontrolleur

Meine Aufgabe besteht darin, zu kontrollieren! Ich passe auf und muss sehen, dass alles richtig läuft und funktioniert. Ohne mich geht nichts. Dann würdest du morgens noch nicht einmal aufstehen, dich waschen oder frühstücken. Ich bin sehr wichtig.

Ich habe keine leichte Aufgabe und muss immer wach sein. Es gibt so vieles, was schieflaufen kann. Besonders, wenn es um deine Arbeit und andere Menschen geht. Die anderen bringen ja auch ihre Kontrolleure mit. Wenn wir uns einig sind, ist alles gut, aber manchmal sind wir uns nicht einig und dann kommt meine größte Angst zum Vorschein: die Kontrolle zu verlieren und selbst kontrolliert zu werden. Dann entwickle ich ungeahnte Kräfte und brauche dazu noch andere Teile wie den Ärger, die Wut, um dann wirklich meinen Job zu machen. Du weißt schon, dass ich wichtig bin, aber du packst mich auch immer mal wieder in diese Ecke und willst nichts von mir hören.

Dann faselst du solche Phrasen wie: Vertrauen in die Dinge zu haben, wie sie geschehen.

Ich halte das für eine naive Sichtweise. Naja, ich halte es da mit dem altbekannten Spruch: Vertrauen ist gut, Kontrolle ist besser. Da bin ich zu Hause, das ist mein Bereich!

Nun, ich habe auch noch ein paar andere Aspekte und kann sehr ins Extrem gehen, wenn es denn sein muss. Manchmal nennen sie mich ,pathologisch'.

Aber das Leben mit seinen unvorhersehbaren Ereignissen ist unüberschaubar, und du kannst dich nicht auf die Unsicherheit und eigentliche ,Unkontrollierbarkeit' des Lebens einlassen. Dann bringe ich dich dazu, gewisse Zwangshandlungen durchzuführen, damit du zumindest das Gefühl hast: „Es kann nichts passieren, denn solange ich meinen Schreibtisch in einer gewissen Weise ordne oder aber manche Sätze vor mir hersage, kann nichts passieren."

Ich vermittle so Angstfreiheit, für eine bestimmte Zeit. Aber ich schneide dich auch vom Leben ab. Die Tür zum Leben bleibt geschlossen. Du bewegst dich dann in deinem bekannten Raum und Rahmen, wo alles bekannt, eng und alt ist, aber es ist alles unter Kontrolle. YES!

Ich danke dir für dein Sein und deine Mitteilungen und lade dich freundlich aus, wieder in deinen Bereich zu gehen.

Bemerken Sie den Raum zwischen sich und dem Kontrolleur?!

Ich bitte um Erlaubnis, mit dem Beschützer zu sprechen.
Was ist deine Aufgabe?

Der Beschützer

Meine Aufgabe ist es, zu beschützen.

Schau dir die Welt an! Sie ist gefährlich und überall lauern Gefahren und man muss ständig auf der Hut sein. Manchmal sind die Gefahren nicht so offensichtlich und es ist dann meine Aufgabe, die möglichen Gefahren zu erkennen und entsprechend zu handeln.

Ich kämpfe an verschiedenen Fronten, zum einen auf eine aktive, und zum anderen auf eine passive Weise. Du hast einen weichen, verletzbaren Anteil in dir und den gilt es vor Verletzungen verschiedenster Art zu beschützen. Ich halte die Gefahren der Welt von dir fern und wenn sie näher kommen, nun, dann bin ich da.

Du wirst auf verschiedene Weisen angegriffen, manchmal sehr offensichtlich und manchmal sehr hinterlistig. Da gibt es Versuche, dich zu manipulieren und wenn ich nicht da bin, fällst du darauf herein.

Wie schützt du mich, was sind deine 'Waffen'?

Manchmal laden andere ihre Wut, ihren Ärger oder ihre Unzufriedenheit auf dich ab, dann halte ich meinen Schild vor dich. Das reicht oft aus, um dich zu schützen. Wenn es allerdings zu arg wird, dann ziehe ich schon mal mein Schwert und zeige es in seiner Macht mit kühler Entschlossenheit. Ja, und wenn es sein muss, dann lasse ich das Schwert tanzen und schlagen und schneiden. Das kann dann verschiedene Formen annehmen: erst mal mit harten Worten, die zurückschießen und bestimmt die Lücke in den feindlichen Linien finden.

Die Lautstärke deiner Stimme reicht manchmal schon, um Einhalt zu gebieten, und natürlich die Wortwahl, das ist dann von Fall zu Fall verschieden.

Wenn du angeklagt wirst, dann bin ich da und verteidige deine Position. Ob deine Position gerechtfertigt ist, ist mir egal. Es ist nicht meine Aufgabe, das zu bewerten. Ich schütze dich mit Schild und Schwert, Verteidigung und Angriff. Ich ziehe Grenzen und errichte Mauern, für alle Fälle. Das ist mein Job. Und ich bin gut!

Eine zweite Front eröffnet sich, wenn andere beschützt werden müssen.

Wenn zum Beispiel dein Sohn oder deine Liebste von jemandem angegriffen werden würden, da gäbe es kein Zögern und du kannst dich hier auf mich verlassen. Ich tue dann, was getan werden muss.

Die Mittel sind mir alle recht, Hauptsache, ich erledige meinen Job gut. Du hast schon so einige beschützt, auch körperlich. Du erinnerst dich?

Gut, dass du ein Kriegerherz hast, das kommt mit sehr entgegen, und wenn ich mich damit verbinde, hey, dann fliegen die Fetzen.

Um es in ein Bild zu packen: Ich sehe mich auf dem Schlachtfeld, meine Rüstung blutgetränkt, mein Schwert rot, die Feinde alle tot, meine Liebsten stehen in sicherem Abstand, unverletzt. Dann atme ich tief durch, spüre meine Kraft und Sicherheit, fühle die kühle Stärke meiner Waffen, schaue meine Liebsten an und sage: „Ich bin hier und ich bin da und ihr könnt euch auf mich verlassen!"

Manchmal siehst du auch Gefahren, wo keine erkennbar sind. Dann schreite ich schon mal vorbeugend ein, sortiere, überprüfe und kläre die Fronten. Ich darf nicht zögern und muss schnell sein. Fragen kann man später immer noch und auch sich entschuldigen.

Aber das ist nicht meine Aufgabe, damit sollen sich die anderen abgeben.

Wie du siehst, liebe ich es, meine Kraft zu beschreiben!

Aber eins möchte ich noch mitteilen:

Ich bin gerne für das unschuldige und verletzbare Kind da. Es lohnt sich sehr, dessen Leichtigkeit des Seins zu bewahren, dessen Weichheit und Unschuld zu schützen, sein Lächeln und seine liebevolle Freundlichkeit.

Nun, es gibt noch einen passiven Schutz.

Wenn die Feinde zu mächtig oder die Waffen grade nicht auffindbar sind oder du meine andere Seite, die Härte, nicht fühlen und nicht in den aktiven Kampf ziehen willst, dann schütze ich dich passiv. Dann schließe ich dein Herz, dann ziehst du dich beleidigt und verletzt zurück, brichst den Kontakt ab, schließt dich weg, machst dich unerreichbar.

Manchmal passt du dich an und heulst mit den Wölfen, um keine Konfrontation erleben zu müssen, vielleicht um geliebt zu werden, oder du gibst nach, sagst ja, obwohl du nein sagen möchtest. Dann möchtest du in Ruhe gelassen werden und ziehst dich vollends zurück.

Dann wird es dunkel, einsam und du fühlst dich hilflos, schwach und verletzt.

Auch das schützt dich in bestimmten Situationen. Und wenn du es auf die Spitze treibst, rettest du dich in die dunkle Kammer der Depression. Reicht dir das so?

Ich danke dir für dein Sein und deine Mitteilungen und lade dich freundlich aus, wieder in deinen Bereich zu gehen.

Bemerken Sie den Raum zwischen sich und dem Beschützer?!

Das Opfer

Ja, ich bin hier. Naja, wie soll es mir schon gehen? Wenn du meine Stimme hören könntest, dann würdest du es wissen. Ich fühle mich recht verlassen, denn niemand ist wirklich für mich da. Wenn ich jemanden brauche, dann lassen sie mich einfach stehen und gehen. Ich habe es wirklich schwer.

Meine Aufgabe ist es, auf die Hilfe und Unterstützung hinzuweisen, die du manchmal brauchst. Und das mache ich auf meine eigene Art und Weise sicht- und hörbar.

Ich beklage und jammere und erkläre, wie schwer du es hast, in dieser Welt mit all den Anforderungen, Schwierigkeiten und Aufgaben zu bestehen. Ich mache dich klein und schwach und hilfebedürftig. Wenn ich gehört werde, dann ist es gut und du bekommst, was du brauchst. Manchmal muss ich die Schraube des Jammerns etwas anziehen und verstärke so die Stimme der Hilflosigkeit und Bedürftigkeit. Wenn das immer noch nicht gehört oder gesehen wird, muss ich andere Mittel einsetzen, wie die der Anklage und Schuldzuweisung.

Wenn es gut läuft, verursache ich bei den anderen ein schlechtes Gewissen und sie fühlen sich schuldig.

Wenn das alles nichts hilft, werde ich schon mal fordernd und aggressiv und hoffe darauf, so die gewünschte Hilfe und Unterstützung für dich zu bekommen.

Das Leben ist schon ganz schön schwer.

Was ist denn das Schwere?

Na, das ganze Leben ist schwer. Es gibt so viel zu tun und du fühlst dich damit alleine. Obwohl andere deine Not sehen müssten, tun sie nichts für dich und dann berichte ich von allem Schweren, und dann kommt vielleicht jemand, der dir seine Hilfe anbietet.

Vielleicht höre ich mich jammervoll an, aber so hören sie dich wenigstens.

Meine Aufgabe ist es, auf deine Bedürftigkeit hinzuweisen.

Wenn das nicht zum Erfolg führt, habe ich noch andere Mittel, um mich hörbar zu machen. Ich lasse die anderen sich schuldig fühlen und gebe ihnen das Gefühl, nicht genug für dich zu tun. Und wenn sie etwas für dich tun, dann habe ich sie. Ich gebe ihnen weiter das Gefühl, dass es nie reicht, was sie tun, und so halte ich sie bei der Stange. Falls sie dann abspringen wollen, werde ich auch mal aggressiv und mache ihnen Vorhaltungen. Nein, beliebt bin ich nicht, und wenn es ganz schlecht läuft, meldet sich niemand mehr bei dir. Dann muss ich mir andere suchen, die dich unterstützen oder nochmal auf die Tränendrüse drücken. Fühlen sie dann Mitleid und du wirst gesehen, bekommst du, was du an Unterstützung brauchst.

Ich danke dir für dein Sein und deine Mitteilungen und lade dich freundlich aus, wieder in deinen Bereich zu gehen.

Bemerken Sie den Raum zwischen sich und dem Opfer?!

Ich bitte um Erlaubnis, mit dem verletzten Selbst zu sprechen.
Darf ich dich ansprechen und fragen, wer du bist und wie es dir geht?

Das verletzte Selbst

Ich bin das verletzte Selbst. Ich fühle mich wund und verletzt an. Ich sammele die Verletzungen ein, die du in all' den letzten Jahren erfahren hast.

Wenn ich mich fühlen lasse, ist das wie eine rohe, wunde Stelle, wie eine blutende Wunde und auch manchmal begleitet von einer tiefen Traurigkeit.

Bin ich im Vordergrund, dann fühlst du diesen tiefen, wunden und alten Schmerz.

Und die vielen Ereignisse, die dich verletzt haben, sammele ich alle hier bei mir ein und schütze dich davor, dass diese Wunden dein ganzes Wesen durchdringen.

Sie sind alle bei mir eingesammelt. Nein, fühlen willst du mich nicht, auch weil an dem Schmerz alle diese Ereignisse und Geschichten hängen, die dich eben verletzt haben.

Wann es anfing?

Es fing alles schon sehr, sehr früh an. In einer Zeit, wo du noch gar nichts von Verletzungen und Schmerzen verstanden hast und überhaupt nicht wusstest, dass es so etwas überhaupt geben könnte. Aber dann kamen sie immer mal wieder in Form von Ablehnung und Missachtung, von Nicht-gesehen-Werden und Ungerechtigkeiten. Manchmal wurdest du auch körperlich und ein anderes Mal seelisch und emotional verletzt.

Wie schon gesagt, ich sammle das alles hier bei mir ein. Ich schaffe dir somit auch einen freien Raum, damit du alle die anderen Qualitäten fühlen und erleben kannst, die du ja auch hast. Welche? Na, dann fühl mal in dich hinein.

Ich danke dir für dein Sein und deine Mitteilungen und lade dich freundlich aus, wieder in deinen Bereich zu gehen.

Bemerken Sie den Raum zwischen sich und dem verletzten Selbst?!

Ich bitte um Erlaubnis, mit dem verletzbaren und unschuldigen Kind zu sprechen.
Ja, hallo, wer bist du denn? Was machst du denn so?

Das unschuldige und verletzbare Kind

Ich schaue in die Welt und erfreue mich an allem, was ich sehe. Alles ist so neu und frisch und schön und interessant. Da gibt es die schönen Blumen mit ihrer Farbenpracht und den großen, weiten, blauen Himmel mit seinen dahinziehenden Wolken.

Da, ein Schmetterling fliegt vorbei, ist der nicht schön? Ich fühle mich so weich und zart und offen, ja grenzenlos offen. Ich sauge alles in mich auf, denn alles ist so neu und interessant und ich bin so neugierig auf alles, was es gibt, und auf das, was noch kommen wird.

Verletzung? Was ist das?

Ich liebe das Lächeln und die weiche Freundlichkeit. Ich nehme alles genau so an, wie es sich mir zeigt und wie es mir gesagt wird, und erfreue mich an der Direktheit im Kontakt zu anderen von Herz zu Herz.

Hintergedanken? Was sind Hintergedanken?

Manipulation? Was für ein lustiges Wort.

Da, siehst du die kleinen, gelben Blümchen, und dort der kleine Käfer, er heißt Lilli und wohnt unter dem Stein dort. Auf diese Wiese hier lege ich mich gerne und schaue in den blauen Himmel, betrachte die dahinziehenden Wolken und spüre die warme Sonne auf meinem Gesicht.

Manche Menschen verstehe ich nicht, besonders dann nicht, wenn sie ganz laut sprechen und sich mit roten Gesichtern etwas zurufen. Manchmal rufen sie immer lauter, weil sie sich wahrscheinlich nicht verstehen. Ich glaube, sie sind krank, die Armen. Dann fühle ich mit ihnen und es tut mir leid, dass sie sich nicht auf eine Wiese legen und die warme Sonne spüren. In meinem Herzen ist es immer weich und warm und es fühlt sich so groß an.

Ja, ich lasse da alles hinein, denn alles ist so schön und liebenswert und freundlich.

Die Welt lächelt mich an und ich lächele zurück.

Besondere Beobachtung neulich:

Manchmal erscheint so ein großer Mann. Er sieht lustig aus. Er hat so lederne und eiserne Kleider an und in der einen Hand so etwas wie eine große Blechtür und in der anderen einen flachen, langen, spitzen Stab. Als ich neulich auf meiner Wiese aufwachte, lagen viele Steine um mich herum, nur wo ich lag, war kein einziger Stein. Ich sah noch, wie er diese Blechtüre über mich hielt. Und als mal ein Baum in meine Richtung fiel, da hat der Mann den Baum einfach festgehalten. Ein anderes Mal wollte einer dieser kranken Personen mit den roten Köpfen etwas zu mir sagen, da hat er ihn einfach hochgehoben, herumgedreht und ihn weggeschickt. Das war wirklich lustig.

Ich danke dir für dein Sein und deine Mitteilungen und lade dich freundlich aus, wieder in deinen Bereich zu gehen.

Bemerken Sie den Raum zwischen sich und dem unschuldigen und verletzbaren Kind?!

Ich bitte um Erlaubnis, mit dem Perfektionisten zu sprechen.

Der Perfektionist

Meine Aufgabe ist es, dass alles mehr als richtig und gut gemacht wird. Ich arbeite auch eng mit dem Kontrolleur zusammen. Man kann etwas immer besser machen, als es getan wird. Immer!!!

Da fehlt immer etwas und eine Steigerung von Qualität ist immer möglich. Na, ich bin schon willkommen bei dir, denn wenn es perfekt ist, was es ja leider nie ist, dann bekommst du ja auch die Anerkennung von der Welt.

Auf der anderen Seite lehnst du mich auch ab, denn du fühlst dich von mir angetrieben und manchmal gibt es auch Probleme mit anderen, die einfach von meinem Standard abweichen. Ja, es ist schwierig für mich, denn ich bin nie zufrieden und das ist ja auch nicht mein Job. Ich halte es für sehr nachlässig und nicht akzeptabel, etwas nicht verbessern zu wollen oder zu können. Aber leider gibt es da immer eine Grenze und die muss ich dann auch akzeptieren, leider, auch wenn das Getane noch weit von mir entfernt ist.

Manchmal merke ich, dass mein Standard so oder so nicht erfüllt wird, weil auch der Bewerter stark in den Vordergrund kommt. Dann gebe ich frustriert auf und bin für dich eine Lähmung und ein Hindernis und ersticke jeglichen kreativen Impuls im Ansatz, nach dem Motto: Wenn es nicht perfekt wird, fange ich erst gar nicht an.

Manchmal bedrohst du mich mit deinem Gefasel vom Mittelweg und Mittelmaß und der damit einhergehenden Zufriedenheit, was für ein Blödsinn, aus meiner Sicht!

Ich danke dir für dein Sein und deine Mitteilungen und lade dich freundlich aus, wieder in deinen Bereich zu gehen.

Bemerken Sie den Raum zwischen sich und dem Perfektionisten?!

Ich bitte um Erlaubnis, mit dem Wollen zu sprechen.
Was ist dein Job und deine Aufgabe, was machst du für mich?

Das Wollen

Na hey, ist das nicht offensichtlich und klar? Ich will – ich will alles und will mehr.

Ja, so bin ich. Ich bringe dich mit Dingen zusammen und mache sie dir schmackhaft.

Wenn etwas interessant und begehrenswert erscheint, dann springe ich auf die Bühne und gehe auf dieses Ding entschlossen zu. Was es ist, ist mir egal. Ob haben, werden oder sein wollen, Hauptsache, ich kann mich da ausleben und dich mit den Dingen verbinden.

Ja, dann geht's mir gut. Zufriedenheit kenne ich auch – aber nur ganz, ganz kurz, eben genau dann, wenn ich Erfolge hatte. Es ist nicht mein Job zufrieden zu sein. Im Gegenteil, diese Zufriedenheit ist mein Feind und stellt mich in den Hintergrund. Aber ich finde schon meine Wege. Wenn das Objekt der Begierde dein Eigen ist, lasse ich dich kurz in Ruhe, aber nur ungerne, dann bin ich wieder da und zeige dir neue schöne Dinge.

Ich bin die Kraft, die dich mit Dingen verbindet und deine Ziele mitbestimmt.

Leider hast du mich schon etwas durchschaut, das macht es mir nicht leicht, über die Stränge zu schlagen und mich voll auszutoben.

Ich danke dir für dein Sein und deine Mitteilungen und lade dich freundlich aus, wieder in deinen Bereich zu gehen.

Bemerken Sie den Raum zwischen sich und dem Wollen?!

Ich bitte um Erlaubnis, mit der Verbitterung zu sprechen.

Die Verbitterung

Ja, es ist vieles wirklich schlecht gelaufen, ich meine sehr schlecht. Da gibt es nichts mehr zu korrigieren, und ich bin da sehr vergrämt. Es war ungerecht und würdelos, erniedrigend, was da geschah. Ich habe die Eisenwand um dich gelegt, um dich zu schützen. Denn mehr von diesem Erleben war einfach nicht mehr zu nehmen.

Es ist alles festgefahren, na und, ich nehme all dieses auf mich.

Verbittert halt, ja, so richtig bitter sind manche Dinge des Lebens gewesen. Ich lenke da auch nicht ein, warum auch?

Es gibt da nichts mehr zu tun. Ich ziehe mich in dieser Bitterkeit zurück, gehe auf meiner einsamen Bahn. Es ist kalt und grau. Ich nehme nichts mehr an und traue niemandem mehr.

Du fühlst dich so sicherer. Ich lasse auch kein Verzeihen zu. Denn es ist ja geschehen, es war schlecht und ungerecht, ja, ich wiederhole mich hier gerne, es war schwarz, kalt und dunkel und ohne jeglichen Sinn, und das ist es immer noch. Du hast dann das Gefühl, Sterben wäre das Beste, denn keine Lebensfreude ist mehr zu spüren. Vielleicht entwickelst du ja auch eine Krankheit, um dem gefühlten, sinnlosen Leben ein Ende zu bereiten.

Nun, mir, der Verbitterung, würde das gefallen, denn dann hätte ich meinen Job perfekt erledigt.

Ich danke dir für dein Sein und deine Mitteilungen und lade dich freundlich aus, wieder in deinen Bereich zu gehen.

Bemerken Sie den Raum zwischen sich und der Verbitterung?!

Ich bitte um Erlaubnis, mit der Reue zu sprechen.

Die Reue

Ich bin die Reue und bringe dich dazu, Entscheidungen der Vergangenheit zu bedauern, zu bereuen. Du hättest es damals anders machen sollen, das wäre besser gewesen. Und jetzt hängst du in dem Schlamassel. Hättest du studiert oder die Beziehung damals nicht beendet, ja, dann wärst du jetzt ein glücklicher Mensch. Wenn du dir über etwas aus der Vergangenheit unsicher bist, dann bin ich da und stelle dir die Eventualitäten vor, die alle die bessere Entscheidung gewesen wären, nur das, was du gemacht hast, war nicht das Richtige.

‚Hätte ich dieses oder jenes nur nicht gesagt oder getan' ist der Satz, mit dem ich dich dann reuevoll belästige.

Ja, ich zwinge dich durch mein Sein, genauer hinzuschauen, auch auf das, was du angerichtet oder ausgelöst hast. Vielleicht hast du deinen ethischen Standpunkt verlassen und mit deinem Tun Leid über dich und andere gebracht. Ja, an dieser Stelle halt ich dich dann, und vielleicht gibt es später ähnliche Situationen, und du wirst anders handeln.

Wenn ich ins Extrem gehe, wirst du alles bereuen, was sich am Ende nicht gut anfühlt.

Wenn allerdings die Weisheit kommt, mache ich mich aus dem Staub, denn sie wird dich darauf hinweisen, dass alle Dinge der Vergangenheit nur Erfahrungen sind und die Dinge nicht anders hätten passieren können, als sie passiert sind. Und das, was du deutlicher siehst und verstehst, wirst du korrigieren und den Rest an das Leben abgeben.

Dann habe ich wirklich keine Chance mehr, mich dir zu zeigen.

Ich danke dir für dein Sein und deine Mitteilungen und lade dich freundlich aus, wieder in deinen Bereich zu gehen.

Bemerken Sie den Raum zwischen sich und der Reue?!

Die Hoffnung

Ich bin die Hoffnung. Ja, manchmal geschehen Dinge im Leben, die einfach besser laufen könnten. Dann klappt dieses oder jenes nicht und du kommst dann in diese Zustände und denkst, dass das restliche Leben so aussichtslos verlaufen wird. Dann komme ich in den Raum oder auf die Bühne. Hey, sage ich dann, dass es jetzt so ist, kann schon mal passieren, aber es wird alles gut und bald besser laufen.

Ich rette dich so über manches Gefühlsloch und über die gefühlte Sinnlosigkeit hinweg.

An mich muss man allerdings glauben, sonst habe ich keinen Wert und kann die Funktion, die ich habe, nicht erfüllen. Deshalb darf ich die Dinge, die ich in Aussicht stelle, nicht zu hoch hängen und halte sie auch sehr allgemein, damit du irgendeine Anbindung findest. Ich sage dann: ‚Alles wird gut und es kommen bessere Zeiten‘, statt: ‚In einem Jahr wirst du reich sein und den Mann deines Lebens treffen‘.

Denn wenn du den Glauben an mich verlierst, bekomme ich einen neuen Namen: Die Hoffnungslosigkeit.

Ich male dir ein Bild über die Zukunft und dieses Bild ist dann sehr bunt. Es stopft die Löcher, von denen du glaubst, dass sie immer bleiben werden, und somit binde ich deine Aufmerksamkeit an etwas, das irgendwann später einmal passieren kann in eine gute Richtung natürlich. Ich mache weit, da, wo es eng wird.

Ich verwandle deine negativen Gedanken und Gefühle in positive und gebe dir genau das, was meinem Namen alle Ehre macht: Hoffnung.

Ich transportiere dich in die Zukunft mit meinen gemalten Bildern, das ist die Zeit, in der ich mich befinde. Dass es für diese ,gemalten Bilder' keine Garantie gibt, sage ich natürlich nicht, und das ist ja auch nicht meine Aufgabe!

Du brauchst mich immer mal wieder, damit die schwarze Sicht über die Zukunft etwas Farbe bekommt und du dich auch auf etwas freuen kannst. Mein Motto ist: Alles wird gut.

Ich danke dir für dein Sein und deine Mitteilungen und lade dich freundlich aus, wieder in deinen Bereich zu gehen.

Bemerken Sie den Raum zwischen sich und der Hoffnung?!

Ich bitte um Erlaubnis, mit der Nicht-Hoffnung zu sprechen.

Die Nicht-Hoffnung

Ich bin die Nicht-Hoffnung. Man darf mich nicht mit der Hoffnungslosigkeit verwechseln. Ich zwinge dich dazu, im Hier und Jetzt zu bleiben, und erlaube dir nicht, dich an die gemalten Bilder der Hoffnung zu klammern. Ich bringe dich dazu, deine Gefühlslöcher zu spüren und zu erleben, ob du dich damit beschäftigst, ist deine Sache. Ich habe eine haltende Qualität, ich halte dich hier. Wenn deine Gedanken dich wieder in die Zeit gehen lassen, bringe ich dich immer wieder zurück. Was du mit der Gegenwart anfängst, weiß ich nicht.

Ich danke dir für dein Sein und deine Mitteilungen und lade dich freundlich aus, wieder in deinen Bereich zu gehen.

Bemerken Sie den Raum zwischen sich und der Nicht-Hoffnung?!

Ich bitte um Erlaubnis, mit der Sorge zu sprechen.

Die Sorge

Es kann immer alles schieflaufen, irgendwann. Es gibt so viel zu bedenken und zu organisieren, damit die Dinge nicht irgendwann einmal unkontrolliert und gefährlich auf dich einprasseln. Was ist mit deiner Altersversorgung? Schließlich hast du viele Jahre nichts eingezahlt. Wird deine Gesundheit gut bleiben bis ins hohe Alter?

Wirst du weiterhin Arbeit haben? Was ist mit deinen Freunden und nahen Bekannten? Werden sie in gutem Kontakt mit dir bleiben? Wird dein Kind einen guten Schulabschluss machen und dann einen Job bekommen? Die Krisen der Welt haben auch Einfluss auf dein Leben. Wird das alles gut gehen?

Wie gesagt, es kann jederzeit alles passieren, und darauf solltest du vorbereitet sein.

Ich bringe dich in die Zukunft und erinnere daran: Schlimmes kann passieren und darauf solltest du vorbereitet sein!

Nein, ich bin nicht immer willkommen bei dir, weil ich dich mit diesen sorgenvollen Gedanken sehr belästige. Ich male dunkle Bilder und das magst du natürlich nicht.

Manche schlaflose Nacht hast du mir zu verdanken.

Und unter uns gesagt, treffen die Dinge, die ich dir da anbiete, nicht unbedingt ein.

Und wenn ich es ganz ehrlich betrachte, dann ist davon sehr selten etwas eingetroffen.

Mir ist das aber egal, denn ich mache nur meinen Job, und schließlich kann ja auch jederzeit alles passieren, oder?

Aber ich habe auch den Aspekt der Fürsorge und Vorsorge oder Versorgung in mir.

Ich erinnere dich daran, dass du einkaufen musst, damit der Kühlschrank immer gut gefüllt ist. Dass genug Benzin im Auto ist und du nicht irgendwo stehen bleibst. Wenn es draußen kalt ist, musst du Wärmeres anziehen. Du musst auch an dein Kind denken und ihm das bereitstellen, was es braucht. Das beginnt ja schon am frühen Morgen, wenn das Frühstück gemacht wird, genug frische Wäsche zum Anziehen da sein muss und all diese alltäglichen Besorgungen, die eben erledigt werden müssen.

Ich danke dir für dein Sein und deine Mitteilungen und lade dich freundlich aus, wieder in deinen Bereich zu gehen.

Bemerken Sie den Raum zwischen sich und der Sorge?!

Ich bitte um Erlaubnis, mit der Angst zu sprechen.

Die Angst

Ich habe viele Gesichter und ich habe verschiedene Funktionen. Aber gespürt werde ich immer gleich, obwohl natürlich die Intensität verschieden sein kann.

Ich bin ein naturgegebenes Warnsystem, und wenn etwas Bedrohliches passiert oder in Aussicht steht, dann komme ich mit meinen Möglichkeiten und Angeboten.

Je nach Situation veranlasse ich dich dann, entweder in den Angriff zu gehen oder aber abzuhauen, nix wie weg. Oder du kommst in eine gefühlte Erstarrung und lässt alles um dich herum passieren und hältst einfach durch.

Überall, wo es gefährlich werden kann, bin ich da und mache auf meine Weise aufmerksam. Eine enge Kurve und zu hohe Geschwindigkeit, ich bin da, ein freilaufender Hund rennt auf dich zu, ich bin da und veranlasse dich, entsprechend zu reagieren, um wieder in Sicherheit zu sein.

Aber dann operiere ich auch noch in anderen Bereichen.

Der ganze Bereich der Zukunft ist meine Bühne. Die meisten Menschen haben Angst vor der Unsicherheit der Zukunft. Ich male ihnen die reinsten Horrorsituationen in ihren Geist, denn all das Furchtbare kann ja passieren. Ich arbeite an dieser Stelle mit der Sorge zusammen und manchmal bin ich von ihr nicht zu unterscheiden.

Ich operiere in der Zeit, der ungewissen, ja, da kann man vieles gedanklich zum Entstehen bringen: Angst um die Zukunft der Kinder, Angst vor Krankheiten, Angst um den Job, Angst vor Krieg oder Angst vor dem Tod oder die Angst vor der Angst und vieles mehr.

Dann gibt es Menschen, die sich sehr an Lebenssituationen anpassen, an ihre Partner, an die Arbeit oder ihr ganzes soziales Umfeld. Dabei vergessen sie sich selbst und ihr Potential, das wegen dieser Anpassung in Gefahr ist, zu verkümmern. Die natürliche Lebensenergie wird nicht mehr gelebt, Kräfte werden unterdrückt und somit die Freude nicht mehr gefühlt.

Und dann komme ich, die Angst, und werde meistens falsch verstanden.

Sie sehen mich als Feind, weil ich mich spüren lasse. Aber genau das Gegenteil ist der Fall: Ich bin ihr Freund, denn ich mache sie aufmerksam! Ich erinnere sie daran, dass sie im Begriff sind, sich zu verlaufen. Dass sie dabei sind, sich und ihr Potential zu vergessen oder hintanzustellen. Dass sie ihre Kraft nicht leben oder fühlen, warum auch immer.

Ich bin hier eine Reaktion der eigenen inneren Größe und Weite, die im Laufe des Lebens auf einen oder mehrere kleine Teile reduziert wurde, und ich erinnere sie an ihre Größe, Kraft und Weite. Was sie dann mit mir machen ist ihre Sache, nicht meine.

Wirst du denn in deiner Aufgabe gewürdigt?

Nein, gewürdigt und geschätzt werde ich nicht, weil ich mich eben erst mal nicht gut anfühle. Die meisten wollen mich loswerden. Aber wenn verstanden wird, worauf ich hinweise, werde ich geschätzt als das, was ich bin: ein Warnsystem.

Ich verrate ein Geheimnis von mir, aber nicht weitersagen, sonst werde ich arbeitslos, besonders bei der zuletzt genannten Angst.

Wenn Menschen Vertrauen in die Richtigkeit natürlicher Prozesse haben, wenn es so etwas wie Vertrauen, Hingabe und Weisheit gibt, uffff, dann stehe ich hinten an.

Dieser eine Mönch meinte, es würde reichen, angstvollen Gedanken die Frage zu stellen: „Kannst du dir sicher sein, das etwas so oder so kommen wird?" „Nein", ist die Antwort und ‚nicht sicher' ist ein Zauberwort, was mich vertreibt. Dieser Mönch hatte recht.

Und wenn sich Menschen im Moment aufhalten, habe ich wenige Chancen, ihre Gedanken angstvoll zu färben. Und wenn sie mit sich und ihrer Lebensenergie und Freude in Kontakt kommen und sie leben, werde ich wirklich arbeitslos.

Aber viele Menschen sind nicht mutig genug, Schritte in die Freude und Kraft zu gehen.

Sie bleiben lieber in der geborgenen Scheiße sitzen, die zwar stinkt, ihnen aber bekannt und vertraut ist, als sich der Unsicherheit des Lebens auszusetzen.

Dann bin ich wieder da: als die Angst vor der eigenen Größe, vor der eigenen Kraft und Freude und den Veränderungen, den ungewissen.

Also werde ich doch nicht arbeitslos.

Ich danke dir für dein Sein und deine Mitteilungen und lade dich freundlich aus, wieder in deinen Bereich zu gehen.

Bemerken Sie den Raum zwischen sich und der Angst?!

Ich bitte um Erlaubnis, mit dem Mut zu sprechen.

 ## Der Mut

Mich brauchst du, wenn du Angst, Befürchtungen oder Unsicherheiten hast, die nächsten Schritte zu gehen. Dann bin ich da und helfe dir. Da ist ein Ziel vor deinen Augen und du bist dir ganz unsicher, dass es angegangen werden kann. Es gibt Stimmen, die dich davon abbringen könnten:

die Sorge mit ihrem Bedenken, die Angst mit ihrer Erstarrung, die ganze Ungewissheit über den Ausgang deines Weges und doch: Wenn ich da bin, dann gehst du einfach los, machst, entscheidest, planst, überwindest und die Entschlossenheit ist dann auch anwesend. Ich fordere von dir eine gewisse Sicherheit und Klarheit deines Zieles und vor allem deiner Absichten. Wenn die klar sind, dann werde ich, der Mut, noch stärker.

Ja, es wird Schwierigkeiten geben, Widerstände auch, und ganz viel Ungewissheit über den Weg und den Ausgang, aber mit mir an deiner Seite kannst du weitergehen.

Manchmal fühlst du eine intuitive Kraft in dir, die sagt, es wird gutgehen und es ist genau das Richtige, trotz der ständigen Warnungen. Ja, es mag irrational sein und unvernünftig, logisch ist es schon gar nicht, aber du fühlst dich gut damit.

Ich bin da und gehe mit dir, solange du meine Ermutigung brauchst.

Ich danke dir für dein Sein und deine Mitteilungen und lade dich freundlich aus, wieder in deinen Bereich zu gehen.

Bemerken Sie den Raum zwischen sich und dem Mut?!

Ich bitte um Erlaubnis, mit dem inneren Schweinhund zu sprechen.

Der innere Schweinehund

Ich bin der Teil in dir, der lieber ausruht oder etwas anderes zu tun anbietet als die Sachen, die gemacht werden müssen. Wenn es etwas zu tun gibt, das schwierig ist und sich nach Anstrengungen anhört, dann bin ich da und sage dir: „Es muss jetzt nicht sein, wir machen das morgen oder vielleicht übermorgen oder vielleicht auch gar nicht. Auf alle Fälle jetzt nicht".

Ich bin mit der Lustlosigkeit eng verbunden. Natürlich müssen manche Sachen gemacht werden. Aber es muss ja nicht gleich sein, oder? Es gibt immer etwas, was wirklich interessanter und lustvoller ist als das, was manchmal getan werden muss.

Manche Aufgaben, vor denen ein ‚Muss' steht, werden von mir besonders skeptisch angeschaut. Jetzt hast du dir auch noch vorgenommen, jeden Tag eine Stunde zu meditieren. Aber manchmal ist auch das langweilig und irgendwie richtig uninteressant. Da gibt es viel schönere und interessantere Dinge. Im Computer kannst du surfen, interessante Artikel lesen, jemanden anrufen und dich austauschen oder aber nur in der Sonne abhängen und dich freuen, dass es warm ist.

Sehr entschlossen nimmst du dir manchmal gewisse Aufgaben vor. Aber der Rasen kann auch morgen noch gemäht, die Hecke übermorgen geschnitten, der Papierkram nächste Woche erledigt werden. Ich bin die Stimme, die dich immer dazu verleitet, den Weg des geringsten Widerstandes zu gehen, dich immer ein bisschen auszuruhen und es nicht zu tun. Und wenn ich das Wort Disziplin oder Aufgabe höre, wird es mir richtig übel.

Dann habe ich es schwer, dich davon zu überzeugen, dass es viel lustvollere Dinge gibt als gerade die, die gemacht werden sollten.

Ich danke dir für dein Sein und deine Mitteilungen und lade dich freundlich aus, wieder in deinen Bereich zu gehen.

Bemerken Sie den Raum zwischen sich und dem inneren Schweinehund?!

Ich bitte um Erlaubnis, mit der Unterscheidung zu sprechen.

Die Unterscheidung

Ich bin die Kraft, die unterscheidet, und ich wachse mit der Erfahrung, die du mit der Welt und anderen Menschen machst. Ich achte unterscheidend darauf, dass du nur die Suppe isst, aber den Löffel nicht. Ich veranlasse dich dazu, in Deutschland auf der rechten, in England aber auf der linken Seite mit dem Auto zu fahren. Ich habe dich gelehrt, dass Feuer heiß ist und Wasser nass, dass du in deinen Kaffee Zucker und nicht Salz löffelst. Wenn ich bei dir bin, weißt du genau, wo was hingehört und was wann zu tun ist.

Ich denke, ich habe mich kurz aber deutlich vorgestellt.

Ich wachse mit deinem Erfahrungsschatz immer mehr und werde so zu einem überlebenswichtigen Werkzeug. Ich sorge im Alltag dafür, dass du die Dinge dahin tust, wo sie hingehören, und dass so dein Leben harmonisch und ohne große Störungen verlaufen kann.

Ich danke dir für dein Sein und deine Mitteilungen und lade dich freundlich aus, wieder in deinen Bereich zu gehen.

Bemerken Sie den Raum zwischen sich und der Unterscheidung?!

Ich bitte um Erlaubnis, mit dem Bewerter zu sprechen.

Der Bewerter

Ich bin die Stimme, die meistens in dir aktiv ist. Ich schaue auf die Dinge dieser Welt und nehme sofort eine Haltung ein, die das ‚Ding' in richtig oder falsch, in gut oder böse einordnet. Ich setze Dinge, Menschen und Verhaltensweisen in Beziehung zueinander und beurteile sie. Bist du schlecht gelaunt, dann habe ich gute Chancen, dir zu zeigen, wie blöd alles ist.

Dazu muss ich natürlich auch deine Neigungen kennen, und die kenne ich sehr gut. Ich habe eine trennende Qualität, wenn ich mich in Form der Abneigung bei dir melde, und eine verbindend Qualität, wenn ich mich in Form der Zuneigung zeige.

Die Grundkategorien, die ich benutze, sind: Das ist richtig, das ist falsch, und das mag ich, das mag ich nicht, das ist gut und das ist böse.

Ich gebe dir somit das Gefühl, eine Meinung und eine Beziehung zur

Welt im weitesten Sinne zu haben. Du fühlst mit mir einen sicheren Standpunkt und grenzt dich so von anderen ab. Dass ich dich dadurch von dem Großen und Ganzen trenne, muss ich dir ja nicht auf die Nase binden, denn wenn du das mitbekommst, verliere ich meinen Job.

Ich ziehe knallharte Grenzen und habe über alles eine Meinung.

So, mehr werde ich von mir nicht mehr verraten.

Ich danke dir für dein Sein und deine Mitteilungen und lade dich freundlich aus, wieder in deinen Bereich zu gehen.

Bemerken Sie den Raum zwischen sich und dem Bewerter?!

Ich bitte um Erlaubnis, mit der Abwertung zu sprechen.

Die Abwertung

Ja, ich bin hier. Ich baue mich in das Spiel des Bewerters ein. Ich bin eine Spielart des Bewertens. Ich möchte aber unerkannt bleiben, sonst kennt mich ja jeder, und ich kann mein verstecktes Spiel nicht spielen. Egal, was es ist, ich werte es erst mal ab, wenn ich so richtig in meiner Kraft bin. Dann gehe ich auch Umwege und finde Gründe, Beispiele, Geschichten oder sonstige Argumente, um etwas abzuwerten oder so richtig in den Dreck zu ziehen.

Andere Kräfte verleiten mich auch dazu, wie z.B. der Neid oder die Minderwertigkeit.

Wenn du die Minderwertigkeit nicht fühlen willst oder andere aufwertest, weil sie etwas besser machen, mehr haben oder wissen, dann bin ich da und werte die jeweilige Sache oder Person ab und schütze dich so davor, deine eingebildete Kleinheit zu spüren. Im Gegenteil, ich vermittele dir die Illusion, besser und größer zu sein als andere, indem ich sie einfach abwerte.

Ich sorge dafür, dass du dich nicht klein fühlen musst.

Denn wenn ich, die Abwertung, nicht operiere, kann es passieren, dass jemand anders idealisiert wird und auf eine Stufe gehoben wird, wo er gar nicht hingehört, und dann fühlst du dich wieder klein und unwert und im Vergleich mit anderen minderwertig. Und es ist unerträglich, das fühlen zu müssen.

Ich danke dir für dein Sein und deine Mitteilungen und lade dich freundlich aus, wieder in deinen Bereich zu gehen.

Bemerken Sie den Raum zwischen sich und der Abwertung?!

Ich bitte um Erlaubnis, mit dem Zweifel zu sprechen.

 ## Der Zweifel

Ich mache aus dem Einen zwei. So kommt auch mein Name zustande. Du hast etwas vor und bist dir sicher, dass du diesen Weg gehen wirst, und dann komme ich, und mache dich darauf aufmerksam, dass es von einer Sache immer auch das Gegenteil gibt, also haben wir jetzt zwei. Manchmal sogar drei oder vier.

Es kann aber nur eins gemacht werden, und so musst du erst mal innehalten.

Ich zwinge dich dazu, genauer zu schauen, andere, auch gegenteilige Stimmen in dir zuzulassen. Nein, du willst mich nicht haben oder fühlen, weil du dich dann natürlich gelähmt und unsicher fühlst, wenn du dein ursprüngliches Vorhaben anzweifelst.

Ich lade mit meinem Sein andere Stimmen ein, wie den Bewerter, die Unterscheidung oder die Klarheit, und verhelfe dir so zu einer umfassenderen Sicht der Dinge.

Wenn du aus reiner Bequemlichkeit an etwas glaubst, dann bin ich da und verweise auf die Möglichkeit, dass es auch anders sein könnte. Fühlst du ein Ja, ist sofort das Nein daneben.

Und alle möglichen Bedenken entstehen, die dich dazu bringen, ständig zu überlegen, zu erwägen, zu zögern, zu zaudern und zu hadern.

Wenn ich unerkannt bleibe, lähme ich dich und mache dich handlungsunfähig.

Dann bleibst du in einem Schwebezustand des ständigen Hin-und-Her-Erwägens hängen und bewegst dich keinen Millimeter in irgendeine Richtung.

Findest du wegen mir die möglichen Fallstricke und kannst Gefahren ausschließen und zu einer sicheren Sicht kommen, dann trete ich wieder in den Hintergrund.

Ich danke dir für dein Sein und deine Mitteilungen und lade dich freundlich aus, wieder in deinen Bereich zu gehen.

Bemerken Sie den Raum zwischen sich und dem Zweifel?!

Ich bitte um Erlaubnis, mit dem Ärger zu sprechen.

 ## Der Ärger

Was willst du von mir? Das ärgert mich schon, dass du mich einfach ansprichst. Lass mich doch in Ruhe! Das geht mir echt auf den Wecker. Alles geht mir auf den Wecker und ich kann mich über alles aufregen.

Worüber ich mich ärgere? Das Worüber ist mir scheißegal. Schau dich doch um in der Welt.

Da ist immer etwas, worüber ich mich ärgere. Ich lehne es ab und irgendwie will ich, dass es anders ist. Wie genau anders, weiß ich auch nicht. Das ist mir auch egal und nicht meine Aufgabe. Ich lehne Sachen prinzipiell ab, schiebe sie weg, will sie nicht haben.

Da es mich nun mal gibt, will ich auch was tun. Manchmal gibt es nicht wirklich etwas zu tun, aber da ich schon mal da bin, finde ich schon was.

Wie die da guckt oder was der da anhat, wie die da läuft und was der da sagt, das und vieles, vieles mehr ärgert mich einfach. Wenn ich da bin, werde ich etwas finden, worüber ich mich ärgern kann. Ich lasse an nichts und niemandem ein gutes Haar. Alles lehne ich ab. Es ärgert mich einfach.

Aber manchmal werde ich auch gebraucht von dir. Denn es gibt Situationen, wo ich echt nützlich bin. Hey, dann brauchst du mich nicht lange zu bitten. Du hörst etwas, was dir nicht gefällt, du wirst kritisiert, beleidigt oder was auch immer. Hier arbeite ich dann mit dem Beschützer zusammen.

Dann bin ich da und errichte erst mal eine Wand zu deinem Schutz. Dann checke ich die Lage und wähle die Waffen. Und wenn ich so richtig gut drauf bin, dann kracht's.

Nein, ich schaue nicht nach links oder rechts, es sei denn, dort liegt eine brauchbare Waffe, die ich nutzen kann. Konsequenzen interessieren mich nicht.

Am liebsten schlage ich einfach zu, und wenn mich andere Anteile nicht daran hindern, gebe ich erst Ruhe, wenn alles kurz und klein geschlagen ist.

Ja, hier geht es mir gut, das ist mein Bereich.

Am liebsten ist es mir, wenn ich gleich weitermachen kann und etwas Neues finde.

Hast du genug von mir gehört, oder soll ich dir mal eine Kostprobe geben?

So, jetzt geh einfach, deine Fragerei nervt mich total.

Ich danke dir für dein Sein und deine Mitteilungen und lade dich freundlich aus, wieder in deinen Bereich zu gehen.

Bemerken Sie den Raum zwischen sich und dem Ärger?!

Ich bitte um Erlaubnis, mit dem Kritiker zu sprechen.

Der Kritiker

Wenn ich da bin, kann's für dich ungemütlich werden. Ich stürze mich auf alles, was kritisierbar ist, und wenn ich gut drauf bin, lasse ich nichts aus. Und jetzt mal ehrlich, eigentlich ist alles kritisierbar, denn in der Welt der Dualität gibt es von einem Ding immer auch das Gegenteil. Dann meinst du, etwas sei gut, und ich zeige dir die Seite, die daran nicht gut ist. Dann ist etwas zu groß oder zu klein, zu dick oder zu dünn, und ich nutze dein angelegtes Bewertungssystem, und je nachdem, wie es ausgelegt ist, weise ich auf etwas hin, das du vielleicht übersehen hast. Ich beurteile Gegenstände oder Handlungen anhand bestimmter Wertmaßstäbe. Ich zwinge dich, Position zu beziehen, und bringe dich so auch zur inneren Klarheit und einem Urteil.

Ich kann dir aber auch das Schönste madig machen, und wenn es mit äußeren Dingen nicht klappt, na, dann bist du meine Zielscheibe: Du meditierst nicht genug, was du da schreibst, ist nochmal neu zu bewerten, du bist zu ärgerlich, zu großzügig oder zu geizig oder was auch immer es ist.

Das ist mein Job und meine Funktion.

Ich danke dir für dein Sein und deine Mitteilungen und lade dich freundlich aus, wieder in deinen Bereich zu gehen.

Bemerken Sie den Raum zwischen sich und dem Kritiker?!

Hier möchte ich kurz innehalten und zu einer Betrachtung des amerikanischen spirituellen Lehrers *Charlie Hayes* einladen. Es handelt sich um einen Auszug aus einem Vortrag.

DIE NATÜRLICHE SELBSTERKENNTNIS

Es gibt eine einfache Tatsache,
nämlich die, dass es dich gibt.
Du existierst und du weißt, dass du bist.
Gibt es irgendeinen Zweifel an der Tatsache,
dass du bist?

Dieses Gefühl, zu sein, ist nie abwesend.
Du bist! Und das ist unwiderruflich!
Kannst du sagen: Mich gibt es nicht?
Dich muss es geben, damit du auch das sagen kannst.

Alle Gedanken entstehen in etwas, das absolut zeitlos
und real ist, nämlich in deinem eigenen Sein.
Dieses direkte und immer verfügbare Wissen „Ich bin",
ist das, was auf den natürlichen und ewigen Zustand
des Daseins hinweist.

Kannst du jemals abwesend sein?

Da ist der Raum um deinen Körper,
der Raum um das Buch in deiner Hand.
Dieser Raum wird ständig übersehen,
obwohl er immer anwesend ist.
Bemerke den Raum um deinen Körper, genau hier.
Bemerke den Raum um dich herum,
der keinen Anfang und kein Ende hat.

Ich bitte um Erlaubnis, mit der Dankbarkeit 1 zu sprechen.

Die Dankbarkeit 1 (ich danke dir)

Ich bin die Dankbarkeit, und wenn ich bei dir bin, fühlst du ein weites, offenes, warmes und lächelndes Herz. Ich bin eine verbindende Kraft und verdeutliche dir, wie viele Menschen in deinem Leben gut zu dir waren durch Taten, Worte, freundliche Gesten und unterstützende Handlungen.

Danke, danke, danke fühlst du dann in dir und könntest vor Freude die ganze Welt umarmen, das Danke in die Welt hinausrufen, in die große, weite Welt und noch viel weiter.

Danke an deine Eltern, die dich auf diese Welt brachten und nach Kräften unterstützten, damit du irgendwann alleine gehen konntest. Danke an die vielen Freunde und Freundinnen, die dein Leben durch ihr Dasein bereicherten, dich unterstützten, wärmten und begleiteten.

Danke an deine Lehrer, und hier besonders an deine spirituellen Lehrer, die deinem Leben Richtung, Sinn und Kraft gaben.

Und wenn du mit der dazu nötigen Weisheit schaust, ja, auch danke an alle schwierigen Situationen in deinem Leben, die Krisen und Enttäuschungen, die Ausweglosigkeiten und sogenannten Irrwege, denn sie führten dich zu tieferen und umfassenderen Einsichten und Erkenntnissen über das Leben.

Ja, du kennst mich, die Dankbarkeit, und lädst mich immer mal wieder ein. Durch mich wird dir deutlich, dass du kein Einzelwesen bist und dass das Leben ein Geben und Nehmen ist.

Ich erfülle dich mit Liebe, die keine Grenzen kennt und die uns alle erfüllt.

Ich danke dir für dein Sein und deine Mitteilungen und lade dich freundlich aus, wieder in deinen Bereich zu gehen.

Bemerken Sie den Raum zwischen sich und der Dankbarkeit 1?!

Die Dankbarkeit 2 (ich danke mir)

Ich möchte einen weiteren Aspekt von mir preisgeben. Ich entstehe zusammen mit der großen, tiefen Freude und dem Staunen darüber, wie die verschiedenen Dinge im Leben passierten. Warum all diese Dinge im Leben geschahen und geschehen werden, weiß niemand. Für alles, was geschieht, gibt es aber Bedingungen und Ursachen.

Um mich verständlich zu machen, muss ich hier etwas weiter ausholen!

Welche dieser vielen Bedingungen machst du verantwortlich für die Dinge, die in deinem Leben geschehen, und welche dieser vielen Bedingungen verknüpfst du mit mir?

Es gab Situationen, die verschiedene Menschen in dein Leben brachten.

Wie aus heiterem Himmel bist du einer Person begegnet, die dein Leben nachhaltig veränderte. Dir wurde etwas gegeben, was dich zutiefst beglückt hat.

Lang gehegte Wünsche erfüllten sich und du bekamst genau das, was du brauchtest. Ein Mensch, der dir eine helfende Hand reichte oder andere Dinge, für die du sehr dankbar warst.

Du weißt zwar nicht, warum die Dinge gerade so geschahen, wie sie geschahen, aber die Freude und das Glück darüber möchten sich ausdrücken und mitteilen. Dann bin ich, die Dankbarkeit, wieder da als gefühlte Freude über etwas, *ohne* dass du einen Blick auf die Ursachen hast, die das alles entstehen ließen.

Aber wohin mit dieser ‚dankbaren' Freude?

Du verknüpfst diese Freude und das Glück, gefühlt als Dankbarkeit, mit jenen Menschen oder Ereignissen, die scheinbar ursächlich für das von dir erfahrene Glück verantwortlich waren.

Aber du spielst auch eine große Rolle.

Ohne dich, der das alles empfangen hat, wäre das Erfahrene nicht erlebt worden.

Wärst du in manchen Momenten nicht achtsam gewesen, wäre vieles einfach an dir unbeachtet vorbeigezogen. Es war deine Liebe, deine Freundlichkeit und Hingabe, die so manches Erleben erst ermöglichten.

Du trägst einen großen Anteil daran, wie die Qualität deines Lebens verlief.

Wäre es dann nicht angebracht, auch dir selbst diese Dankbarkeit zu erweisen?!

Danke dir selbst für all die Wege, die du gingst, die Entscheidungen, die du trafst, für die Kämpfe, die du kämpftest.

Danke dir für die mutigen Schritte, wenn du dich selbst und andere beschütztest.

Danke dir selbst für dein Sein in der Welt!

Ja, das tue ich gerne. Ich danke mir selbst für mein Sein!

Und ich danke dir für dein Sein und deine Mitteilungen und lade dich freundlich aus, wieder in deinen Bereich zu gehen.

Bemerken Sie den Raum zwischen sich und der Dankbarkeit 2?!

Ich bitte um Erlaubnis, mit der Verbundenheit zu sprechen.

Die Verbundenheit

In meiner reinen Form bin ich die Gleichheit aller Wesen und Dinge, ohne jegliche Unterscheidungen und verbinde dich von Herz zu Herz mit anderen. Ich bin die Geradlinigkeit im Kontakt. Oft wird meine Fähigkeit nicht gesehen in dieser reinen Form, aber die Sehnsucht nach mir ist groß.

Meine Qualität kann gespürt werden, wenn du dich mit anderen austauschst und Einklang findest. Oder ich, die Verbundenheit, werde über andere Dinge gespürt: gleiche Interessen oder Geschichten, Vereine und gemeinsame Freunde und vieles mehr, aber manche brauchen auch gemeinsame Feinde, um mich zu spüren.

Du begegnest dann anderen auf der Ebene dieser Gemeinsamkeiten, aber es ist nicht die tiefe Ebene, auf der ich auch gefühlt werden kann. Auf dieser tiefen Ebene gibt es keine Masken mehr, keine Identität, keine Person und keine Geschichte. Da ist es weich und warm und voller Liebe. Dort wird die Sehnsucht gestillt, eins zu sein, nicht getrennt zu sein.

Die Ebene der begrenzten Verbundenheit über Gemeinsamkeiten ist okay…, es ist ein Anfang. Lieber ein bisschen verbunden, als gar nicht verbunden zu sein. Ein anderes Wort für mich ist Liebe.

Ich kann nicht künstlich herbeigeführt oder produziert werden, denn ich war schon immer da. Der Raum ist bereitet, er muss nur aufgeräumt und dann eingenommen werden. Oder?

Der Garten ist bereitet und der Boden ist fruchtbar. Immer.

Was gepflanzt wird, ist deine Aufgabe.

Ich danke dir für dein Sein und deine Mitteilungen und lade dich freundlich aus, wieder in deinen Bereich zu gehen.

Bemerken Sie den Raum zwischen sich und der Verbundenheit?!

Ich bitte um Erlaubnis, mit der Freude zu sprechen.

Die Freude

Ich bin die Natur deines Seins und ich bin immer da. Das heißt aber nicht, dass du mich immer fühlst. Und doch ist fast alles, was du tust, darauf ausgerichtet, mich fühlen zu wollen. Manchmal holst du mich hervor, wenn du dich an ein glückliches Ereignis aus der Vergangenheit erinnerst oder wenn du dir eine schöne Zukunft ausmalst.

Aber ich, die Freude, habe große Chancen, öfters von dir gefühlt zu werden. Das fängt schon morgens an, wenn du dein Kind weckst. Es ist oft der Schlüssel, der die Tür zu mir öffnet.

Wenn dich deine Liebste anschaut, ja, auch dann bin ich da.

Es braucht eigentlich nicht viel, um mich einzuladen, und doch ist es nicht immer leicht, mich zu fühlen. Gehen deine Gedanken zu deinen Sorgen und Ängsten, dann habe ich keine Chance.

So ist das halt mit einem Stuhl: Es kann immer nur einer darauf Platz nehmen.

Es ist mir egal, was mich zum Entstehen bringt. Ob die Vorfreude auf einen Urlaub, die Freude über deine Hobbys oder andere Dinge.

Die Dinge da in der äußeren Welt sind eine Brücke zu mir, und es ist leicht, dich so mit mir zu verbinden.

Aber manchmal erlebst du mich ohne Bedingungen. Und dann wunderst du dich, weil es gerade keinen offensichtlichen Grund für mich gibt, und doch fühlst du mich. Das geschieht in der Natur oder wenn du eine friedliche Meditation hattest.

Dein Geist ist dann unbesetzt von anderen Dingen. Dann erlebst du mich als die wahre Natur deines Geistes, deines Seins, immer dann, wenn du in dem Moment verweilst und Zeit keine Rolle spielt.

Dann setze ich mich auf diesen Stuhl, mache mich breit, und du fühlst mich als Wärme in deinem Herzen und mit einem Lächeln auf deinem Gesicht. Ich verbinde dich mit deiner Kraft und Stärke. Ich bin der Dünger für deine Seele.

Ich verrate noch ein Geheimnis von mir: Ich bin die wahre Natur deines Seins. Kein Ding in der äußeren Welt trägt eigene Freude in sich. Nicht das neue Auto, die neue Beziehung oder etwas anderes. Ich entstehe *in* dir. Ich bin schon da und kann auch ohne Objekt erlebt werden. Wie das geht? Nun das ist sehr unterschiedlich. Finde es heraus.

Ein Hinweis: Wenn du frei von allen Gedanken oder Vorhaben bist, wie fühlt sich das an?

Ich danke dir für dein Sein und deine Mitteilungen und lade dich freundlich aus, wieder in deinen Bereich zu gehen, aber dein Aroma kann auch gerne etwas hier bleiben.

Bemerken Sie den Raum zwischen sich und der Freude?!

Ich bitte um Erlaubnis, mit der Kreativität zu sprechen.

Die Kreativität

Ich bin die Äußerung der Leichtigkeit deines Seins. Ich liebe es, zu spielen, zu gestalten, zu schöpfen, und nutze dazu alle Möglichkeiten der Sinne, um mich auszudrücken.

In Formen und Farben, leichten Worten und Klängen zeige ich mich.

Ich entspringe dem Herzen und der Verbundenheit und mache Gefühle, Stimmungen, Ideen und Erkenntnisse durch Malerei, Poesie, Musik und Tanz sichtbar. Aber es gibt noch viele andere Möglichkeiten, mich zu zeigen, auch die einfachsten alltäglichen Anforderungen können mein Spielfeld sein, wie das Kochen, das Gestalten der Wohnung und des Gartens oder verschiedene handwerkliche Dinge.

Ich gestalte aus der Freude am Tun und aus der Freude am Sein und erfreue mich, wenn ich mich über diese Gestaltungsmöglichkeiten entfalten darf. Ich bin die Kraft, die dich mit der Freude des Seins verbindet und die den Moment in seiner Einzigartigkeit fühlen lässt.

Ich danke dir für dein Sein und deine Mitteilungen und lade dich freundlich aus, wieder in deinen Bereich zu gehen.

Bemerken Sie den Raum zwischen sich und der Kreativität?!

Ich bitte um Erlaubnis, mit dem Mitgefühl zu sprechen.

Das Mitgefühl

Ich bin eine Kraft deines Herzens und kann die Gefühle anderer Wesen mitfühlen.

Wenn du beobachtest oder erfährst, dass deinen Mitmenschen Leid, Schmerz und Kummer widerfahren, dann bin ich da beim weinenden

Kind, das ängstlich seine Arme ausstreckt. Dann fühlst du die Sorgen und Ängste des Nachbarn, der seine Rechnung nicht zahlen kann. Du fühlst die Not des Obdachlosen, der frierend und hungrig im Hauseingang schläft, die Angst deines Kindes, wenn es aus dem Alptraum erwacht, die Verzweiflung der Mutter, die ihr hungriges Kind nicht ernähren kann, den Schmerz verwundeter Menschen, die in den Trümmern ihrer Häuser liegen.

Das Leid deiner Brüder und Schwestern fühlst du, als ob es dein eigenes wäre. Ich verbinde dein Herz mit dem Herzen der anderen und lasse dich fühlen, was sie gerade fühlen. Ich bin die Brücke zur Liebe, die alles vereinende Kraft.

Durch mich fühlst du auch die Angst eines Tieres, das zur Schlachtbank geführt wird. In den Augen des Affen siehst du die Not, wenn andere seinen Lebensraum rauben. Du fühlst den Schmerz aller Wesen der Welt.

Wenn ich, das Mitgefühl, bei dir bin, bewirke ich ein neues Schauen, auch auf das, was dein zukünftiges Handeln angeht. Dann gesellen sich auch Kraft, Entschlossenheit und Weisheit hinzu.

Aber ich heiße auch Selbstmitgefühl, wenn du in schmerzlicher Notlage bist. Deine Einsamkeit oder Angst, deinen Ärger und deine Wut, deine Verzweiflung und Sorgen umarme ich mit meiner mitfühlenden Wärme. Dann öffnest du dein Herz für dich selbst, nimmst dich selbst in den Arm mit dem Wissen, dass es immer nur um die Liebe geht, die Liebe zu dir selbst und die Liebe zu anderen, und hier lasse ich keinen Selbsthass mehr zu.

Und wenn du fühlst, was du und andere fühlen, dann weißt du: Wir sind nicht verschieden, sondern leben nur anders – und wir sitzen alle im gleichen Boot.

Ich danke dir für dein Sein und deine Mitteilungen und lade dich freundlich aus, wieder in deinen Bereich zu gehen.

Bemerken Sie den Raum zwischen sich und dem Mitgefühl?!

Ich bitte um Erlaubnis, mit der Mitfreude zu sprechen.

 ## Die Mitfreude

Hallo, ich bin die Mitfreude. Ich schaue durch dich in die Welt und erfreue mich daran, wenn anderen etwas Gutes widerfährt. Wenn sie sich freuen, lachen, glücklich sind, wenn sie Erfolg haben, sich auf etwas freuen und ihre Augen strahlen, dann ist das meine Geburtsstunde.

Ja, hier bin ich zu Hause. Du brauchst keine eigene Freude zu erleben über etwas, das dir widerfährt. Du freust dich sehr oft über dein Kind und bist froh, dass du es hast.

Ich gehe in Gleichklang und brauche die anderen, das heißt, deren Freude, damit ich gefühlt werden kann. Ich habe auch diese verbindende Qualität.

Wie schön ist es, dich über mich zu verbinden. Wenn ich da bin, geht es allen gut, nur dem Neid geht es dann schlecht und er bleibt schön in seinem Bereich.

Ich danke dir für dein Sein und deine Mitteilungen und lade dich freundlich aus, wieder in deinen Bereich zu gehen.

Bemerken Sie den Raum zwischen sich und der Mitfreude?!

Ich bitte um Erlaubnis, mit dem Vertrauen zu sprechen.

 ## Das Vertrauen

Ich bin eine weiche und offene Qualität. Ich fließe mit den Dingen, wie sie geschehen, und sage zu allem erst einmal JA. Mir wird oft nachgesagt, dass ich blind wäre und die Dinge in einem naiv-gutgläubigen Licht sähe, aber das stimmt nicht.

Ich lehne nur nichts ab. Alles darf so sein, wie es ist, und die Dinge, die an dich herangetragen werden, empfange ich mit einer offenen Wertschätzung.

Was andere sagen, nehme ich erst mal so an, wie es gesagt wird, und ja, an dieser Stelle ‚glaube‘ ich auch erst mal das, was ich da höre oder sehe.

Ich unterstelle erst einmal, dass alle die besten Absichten haben.

Ich erlaube dir auch, so eine Offenheit für Unbekanntes und Neues zu erhalten, und verhindere so, dass schlechte Erfahrungen aus der Vergangenheit diese Öffnung schließen. Das ist nicht immer leicht, und doch kann ich es oft bewirken, Vertrauen dahingehend zu haben, was das Leben dir anbietet, auch wenn das gesamte Ausmaß von dem, was gerade geschieht, nicht von dir verstanden wird.

Der Kontrolleur und der Beschützer funken allerdings immer mal dazwischen, und es ist gut zu wissen, warum, denn in der Vergangenheit gab es viele Erlebnisse, die nicht immer heilsam waren.

Sie haben dich an manchen Stellen verletzt und hart gemacht. Diese Härte tut dir nicht gut, sie schneidet dich von neuem, ‚unschuldigem‘ Erleben ab. Aber dafür bin ich dann da und biete dir diese Öffnung immer neu an.

Oft werden die Dinge, die ich vertrauensvoll empfange, von anderen Stimmen geprüft und bewertet. Aber das ist halt die Aufgabe der anderen Stimmen. Ich bin nur für die bedingungslose Offenheit da.

Ich danke dir für dein Sein und deine Mitteilungen und lade dich freundlich aus, wieder in deinen Bereich zu gehen.

Bemerken Sie den Raum zwischen sich und dem Vertrauen?!

Ich bitte um Erlaubnis, mit der Hingabe zu sprechen.

Die Hingabe

Ich arbeite eng mit dem Vertrauen zusammen. Man könnte auch sagen, dass ich gleich danach komme. Wenn das Vertrauen die Offenheit geschaffen hat und die anderen Stimmen keine Beanstandungen haben, kannst du dich in das, was immer es auch ist, hineinentspannen.

Du kannst dich dem hingeben und so neue Erfahrungen machen, mit deiner Weichheit, zum Beispiel, mit der Weichheit anderer Menschen, ja, mit allem, was das Leben dir anbietet.

Besonders mit dem, was nicht gleich verstanden und in irgendwelche Schubladen gepackt werden kann. Wenn ich da bin, kannst du immer ein kleines Stückchen weitergehen oder einfach nur hier bleiben.

Ich gebe dir die Möglichkeit, dich jung zu fühlen, denn neues Erleben hält jung und die Offenheit verbindet dich auch mit den Dingen, wovor ein Teil in dir Angst hat.

Ich danke dir für dein Sein und deine Mitteilungen und lade dich freundlich aus, wieder in deinen Bereich zu gehen.

Bemerken Sie den Raum zwischen sich und der Hingabe?!

Ich bitte um Erlaubnis, mit der Ernüchterung zu sprechen.

Die Ernüchterung

Na, ich bin die Ernüchterung und fühle mich einfach ernüchtert. Nein, ich bin nicht traurig oder deprimiert. Ich sehe die Dinge weder in einem dunklen noch in einem hellen Licht. Ich sehe sie so, wie sie sind, eben nüchtern.

Die Sonne, der Frühling, die Blumen, nun ja, das ist alles da, und es ist einfach nur das, was es ist. Der Regen, der Herbst, das Laub, auch hier, es ist einfach nur so, wie es ist.

Ich ziehe nichts etwas anderem vor. Weder erfreue ich mich an dem, was landläufig als schön bezeichnet wird, noch bin ich deprimiert über die Dinge, die landläufig als nicht schön oder unangenehm betrachtet werden.

Alles hat ein Recht zu sein aufgrund der Bedingungen, die diese Dinge hervorbrachten. Alles hat einen gleichen Wert, nichts steht über oder unter irgendetwas.

Als ich mich das erste Mal zeigte, warst du recht erschrocken, weil dein Bewertungssystem nicht mehr ansprang: dieses ewige Einordnen der Dinge in schön oder hässlich, erstrebenswert oder nicht erstrebenswert, richtig und falsch, gut und schlecht. Ich zeigte dir die Nacktheit der Dinge, die kühle, emotionslose Sicht darauf.

Da gab es keine Rettung mehr in die Gefühle, mit denen du dich so gerne verbindest und die du so gerne fühlst. Aber es gab auch nicht mehr diesen Absturz auf die andere Seite, wo du etwas ablehnst, nicht willst oder einfach nur ‚Scheiße‘ findest.

Nein, ich bin, wie mein Name ja schon sagt, sehr nüchtern, unparteiisch, emotionslos und ohne Bewertung.

Ich bin anfangs schwer auszuhalten, weil ich der Beziehung zu den Dingen die Extreme nehme und du keinen Standpunkt einnehmen kannst.

Himmelhochjauchzend und zu Tode betrübt wird es mit mir nicht mehr geben, diese Wellenbewegung, einmal durch eine kleine Bewertung in Bewegung gebracht, die sich dann selbst erhält und an die du dich so sehr gewöhnt hast, das Steigen und die Talfahrt.

An mich, die Ernüchterung, musst du dich erst gewöhnen.

Aber du kannst mich auch wieder in meinen Bereich zurückschicken, und ich hoffe für dich, dass du mich nicht vergisst. Du bist Elternteil eines Kindes. Dort wirst du mich nicht brauchen können, denn dein Kind muss ja Begeisterung und Freude und Glück und all das von dir fühlen, um in das vollständige Erleben des menschlichen Bereichs begleitet zu werden.

Auch du sollst dich an den Erscheinungen der Welt weiter erfreuen.

Aber du sollst dich auch an mich erinnern, denn ich zeige dir die Dinge, so wie sie wirklich sind. Aber an dieser Stelle gebe ich weiter an die Weisheit.

Ich danke dir für dein Sein und deine Mitteilungen und lade dich freundlich aus, wieder in deinen Bereich zu gehen.

Bemerken Sie den Raum zwischen sich und der Ernüchterung?!

Ich bitte um Erlaubnis, mit der Weisheit zu sprechen.

Die Weisheit

Ich bin die Weisheit. Ich schaue auf die Dinge und sehe auch, wie sie wirklich sind.

Ich ergänze die Ernüchterung mit meinem allumfassenden Blick auf die Dinge. Ich sehe die Gesetzmäßigkeiten, die den Erscheinungen zugrunde liegen.

Eine davon ist leicht beschrieben: Alle Dinge entstehen, verweilen, vergehen.

Ich schaue auf diese drei Ereignisse und lächle wissend, verstehend, akzeptierend.

Ich weiß, dass die Dinge nur so sein können, wie sie sind, und nicht anders.

Wenn ich bei dir bin, dann wird das Leben leichter. Wenn etwas geschieht, was dir nicht passt, dann hast du mich, die Weisheit. Wenn Dinge geschehen, die dir sehr angenehm sind, dann hast du mich auch.

Du hörst auf, mit den Ereignissen des Lebens zu hadern, und akzeptierst die Veränderungen, kannst Dinge, Erlebnisse und Menschen leichter gehen lassen, wenn die Zeit dafür gekommen ist. Es gibt viele Gesetzmäßigkeiten, die ich hier gar nicht im Detail anführen möchte.

Aber zusammenfassend kann ich sagen: Alles, was aufgrund von Bedingungen entsteht, muss auch wieder aufgrund von Bedingungen vergehen.

Dann gibt es als Orientierung für die Lebensführung das Gesetz des Karmas: Die Qualität der Absichten vor dem Handeln bestimmt die Qualität der daraus entstehenden Resultate.

Und um dir das Leben noch leichter zu machen, besonders wenn die Tatsache der Unbeständigkeit am Wirken ist: Es gibt nichts, das wert wäre, daran festzuhalten.

Ich habe dich somit recht gut ausgestattet, um das Leben zu leben und ein Stück weit zu verstehen. Was du mit diesen Informationen machst, liegt bei dir.

Ich danke dir für dein Sein und deine Mitteilungen und lade dich freundlich aus, wieder in deinen Bereich zu gehen.

Bemerken Sie den Raum zwischen sich und der Weisheit?!

Ich bitte um Erlaubnis, mit dem Gleichmut zu sprechen.

 ## Der Gleichmut

Ich bin der Gleichmut. Ich schaue auf die Dinge erst mal recht gelassen.

Man darf mich aber nicht mit der Gleichgültigkeit verwechseln.

Mir sind die Dinge nicht egal, aber in Anbetracht bestimmter Ereignisse gibt es manchmal nichts mehr zu tun. Dann sind die Dinge so, wie sie sind, und ich betrachte sie dann auch so. Ich bleibe unbewegt in schwierigen Situationen und verstehe auch, was da gerade passiert. Einhergehend mit mir ist eine stillschweigende Akzeptanz der Dinge, so wie sie sind.

Die tosende See hat dann nichts Bedrohliches, ein sterbender Mensch nichts Beunruhigendes, eine Krankheit nichts Verzweifelndes.

Die Lebensereignisse sind dann einfach so, und zwar genau *so*. Wenn ich bei dir bin, fühlst du dich nicht auf das jeweilige Ereignis begrenzt, mit all den möglichen Emotionen und Reaktionsweisen, die die klare Sicht auf diese Situation trüben könnten. Ich öffne dir auch den Raum zur Weisheit. Sie kann in ihrer eigenen Wahrheit dann auf das hinweisen, was sie anzubieten hat. Ich bin hier und bleibe da.

Es kann geschehen, was will, und ich bin unerschütterlich.

Ich danke dir für dein Sein und deine Mitteilungen und lade dich freundlich aus, wieder in deinen Bereich zu gehen.

Bemerken Sie den Raum zwischen sich und dem Gleichmut?!

Ich bitte um Erlaubnis, mit dem Schalk zu sprechen.

 ## Der Schalk

Erlaubnis hiermit erteilt, und ich stelle mich gerne vor.

Ich lache über diese ganze Ernsthaftigkeit, Verbissenheit und Begrenztheit, mit der Menschen manchmal durch das Leben laufen.

Ich nehme nichts ernst und sorge dafür, dass du dich nicht auf deine Selbstbilder festlegst und in Emotionen, Gedanken, Vorstellungen und Meinungen hängenbleibst.

Kaum meinst du jemand zu sein, etwas zu haben oder irgendwo angekommen zu sein, zeige ich dir, dass es auch anders sein kann, und zeige dir so die Wechselhaftigkeit deines Wesens.

Wenn du dich in der Welt verlaufen hast, bin ich da und hole dich da raus.

Manchmal ist es einfach nur ein Sprung zur Seite und draußen bist du.

Manchmal bin ich wie eine Art Rettungsring und manchmal halte ich dir den Spiegel vor und frage: „Gefällst du dir so"?

Bleibst du an Persönlichkeitsanteilen hängen und lässt sie zu deinen

Bewohnern werden, komme ich und zeige dir, dass es auch mindestens ein Gegenteil davon gibt.

Und meistens lache oder schmunzele ich einfach nur.

Ich bin nicht festgelegt und lasse mich nicht festlegen. Ich habe von allem etwas und doch bin ich nichts davon. Ich bin, wie ich bin, aber ich bin da.

Ich bin eine Brücke zur Leichtigkeit deines Seins.

Ich bin auch ein Joker und Formenwandler.

Kartenspieler lieben mich und fürchten mich, je nachdem, wo und von wem ich eingesetzt werde. Ich kann zu jeder Karte werden. Ob zum Herzass oder zur Kreuzzwei, und zu allen anderen kann ich auch werden – und doch bin ich keine davon.

Kaum glaubt jemand, mich erkannt zu haben, bin ich schon wieder woanders.

Nicht haltbar, nicht kalkulierbar, mich kann man nicht fassen, begrenzen, festlegen oder fangen.

Manche sehen mich als Vorstufe zur Weisheit und dann zeige ich auf etwas Wahres.

In manchen Traditionen nennt man mich den verrückten, weisen Narren.

Und dann gibt es ein allumfassendes Lachen über alles, was es gibt, auch über dein ständiges Bemühen, etwas sein oder werden zu wollen.

Wie sollte man da etwas ernst nehmen?

Ich bringe Heiterkeit und Leichtigkeit in dein Leben, aber auch eine gewisse Klarheit, denn die Unbeständigkeit aller Dinge an sich sollte man beachten. Auch sollte man sehen, dass das Festhalten an etwas gewisse Gefahren mit sich bringt.

Ich zeige dir so auch die ganze Unsicherheit des Daseins und Möglichkeiten, unbefangen und leicht damit zu spielen. Ich sorge dafür, dass du das siehst und dich erst gar nicht irgendwo für die Ewigkeit einrichtest: nicht bei Dingen, nicht bei Menschen, nirgendwo.

Ich, der große, weise Narr, katapultiere dich hinaus in die Unsicherheit und Haltlosigkeit des Lebens. Wenn du mitmachst, dann kann das Leben zu einem Tanz werden, spielerisch, leicht und groß.

Der Angst lache ich ganz laut ins Gesicht. Sie hat bei mir keine Chance. In Problemen bleibe ich nicht stecken und Lösungen interessieren mich nicht.

Dafür sind andere zuständig.

Ich drehe diesen Dingen den Rücken zu. Ich suche nicht nach Lösungen im Problem, sondern lade dich ein, eine Los-Lösung außerhalb des Problems zu finden.

Die große Weite biete ich dir somit an, immer begleitet von einem Lachen, mit Spaß und Freude.

Manchmal reiße ich auch anderen ihre Masken vom Gesicht.

Was verstecken sie eigentlich hinter ihren Masken? Die reine Unsicherheit über ihr eigenes Sein und die Angst, anders zu sein oder nichts mehr zu sein. Und die Sehnsucht nach Verbundenheit und Liebe! Auf ihren Masken steht: „Ich bin das Lächeln, das den Schmerz des Menschseins übertünchen soll".

Naja, niemand muss auf mich hören und jeder kann weiterhin tun, was er will.

Aber ich weiß, dass ich bei dir willkommen bin, immer mal wieder, aber nicht immer.

Der große, weise Narr, der ich nun mal bin ...

Wenn sich allerdings die Wahrheit durchsetzt, habe ich meinen Job erledigt: beim Wahren, Echten angekommen, in Freiheit sein, was du wirklich bist, nämlich Freude, Kraft, Leichtigkeit in spielerischem Tanz.

Ich danke dir für dein Sein und deine Mitteilungen und lade dich freundlich aus, wieder in deinen Bereich zu gehen.

Bemerken Sie den Raum zwischen sich und dem Schalk?!

Zur Erinnerung

Ich möchte eines noch einmal sehr deutlich machen:

Auch wenn wir zum Beispiel Ärger in uns entdecken, ihn in seiner Funktion verstehen und in seinem Nutzen wertschätzen, heißt das nicht, dass wir ihn frei laufen lassen.

Sie bewerten letztendlich den Nutzen seines Seins und den Wert oder Unwert, den er für Sie und andere hat. Und das gilt auch für die anderen Persönlichkeitsaspekte!

Dazu gehören auch die sogenannten *Paramitas*, die in der buddhistischen Lehre als Vervollkommnungen bezeichnet werden.

Die zehn *Paramitas*

Der Begriff ‚*Paramita*' entstammt der buddhistischen Terminologie und bedeutet ‚Vervollkommnung'. Laut der buddhistischen Mythologie hat Buddha für jede einzelne Vervollkommnung ein Leben aufwenden müssen, um diese zu perfektionieren.

Zum Beispiel war Buddha in einem früheren Leben ein Mann, der seinen Körper einer Löwin opferte, damit sie etwas zu fressen hatte, um ihre Jungen groß zu ziehen.

Somit vervollkommnete er die Großzügigkeit.

Seine Geduld vervollkommnete er, indem er sich von einem eifersüchtigen Prinzen in Stücke hacken ließ und dies mit Geduld ertrug.

Sie müssen natürlich nicht so weit gehen, aber vielleicht erinnern Sie sich das nächste Mal an der roten Ampel an diese Geschichte, oder wenn jemand Sie um etwas bittet.

Wenn wir diese Qualitäten als Tugenden in uns entwickeln, werden sie in heilsamer, verbindender Weise wirken. Es sind Qualitäten, die uns unterstützen, gut durch das Leben zu kommen. Sie helfen, sich mit anderen zu verbinden und auch deren Verbundenheit zu fühlen.

In manchen Lebenslagen brauchen wir sie, um Situationen angemessen begegnen zu können, auch wenn andere Persönlichkeitsanteile in uns laut aufschreien.

Was sagt der Geiz, wenn die Großzügigkeit am Wirken ist? Was sagt die Gier, wenn der Verzicht im Vordergrund steht? Was der Ärger, wenn ich die Freundlichkeit einlade?

Wir können hier sehen, dass die *Paramitas* den Herzenstrübungen gegenüberstehen.

Sie unterstützen uns dabei, sich selbst besser kennenzulernen, mehr über die eigenen Anteile zu erfahren. So entsteht auch Raum, und Sie müssen auf Herzenstrübungen nicht länger als nötig reagieren.

Lassen wir nun die Vervollkommnungen kurz von sich selbst erzählen:

1. Großzügigkeit

Ich gebe und frage nicht nach Belohnung. Sehe ich eine Notlage, ein unerfülltes Bedürfnis oder einen Mangel, schöpfe ich aus den vorhandenen Ressourcen und gebe sie dorthin, wo sie gebraucht werden, ohne zweimal darüber nachzudenken. Mein Gegenspieler, der Geiz, hat hier keine Chance, groß zu werden. Wenn ich mich voll entfalten will, dann muss ich auch mal gebremst werden, aber das ist o.k.

2. Ethisches Verhalten

Ich bin eine wachende und auch überwachende Qualität und habe die Funktion, deinen ethischen Standard mit diesen fünf Prinzipien abzugleichen und sie einzuhalten: dass du nicht tötest oder verletzt, nicht stiehlst, nicht lügst, keine unheilsame Sexualität lebst, keine Substanzen nimmst, die dich nicht mehr wissen lassen, was du tust.

Ich habe die Funktion eines Filters, der alle deine Absichten zunächst auf deren ethische Vertretbarkeit überprüft. Was den Filter dann passiert hat, kann bedenkenlos gemacht werden.

3. Verzicht

Es gibt so viel Überflüssiges, was nicht wirklich zum Leben gebraucht wird und dich oft einfach nur vom Wesentlichen ablenkt. Ich gebe dir ein Maß vor, nämlich das der Notwendigkeit. Alles, was darüber hinausgeht, ist einfach überflüssig. Ich bewahre dich davor, in überflüssigen Dingen nach Befriedigung zu suchen. Ich mahne zur Besonnenheit. Dann hast du Zeit, dich um Wesentlicheres zu kümmern.

Luxus ist mir einfach nur widerlich.

4. Weisheit

Ich schaue auf die Dinge und sehe, wie sie wirklich sind. Ich ergänze die Ernüchterung mit meinem allumfassenden Blick auf die Dinge. Ich sehe die Gesetzmäßigkeiten, die den Erscheinungen zugrunde liegen. Ich sehe die Dinge, wie sie sind.

(Mehr von mir habe ich schon weiter oben erzählt)

5. Kraft

Ich bin die Energie, die du brauchst, um überhaupt etwas zu tun. Ich erhalte das Leben deines Körpers und unterstütze dich beim Handeln, Sprechen, Fühlen und Denken und besonders in den Momenten, in denen mutige Schritte gemacht werden müssen. Ich verbinde dich mit deiner inneren Weite des Seins und lasse dich deine Zugehörigkeit zum Universum fühlen. Ich halte dich wach, wenn du wachen musst, und lasse dich schlafen, damit du dich auszuruhen kannst. Wenn ich da bin, fühlst du deine innere Stärke, Energie und Macht.

Was du damit machst, liegt bei dir. Aber ich bin da!

6. Geduld, Toleranz

Wenn ich als Geduld auftrete, trete ich der Ungeduld entgegen und helfe dir, warten zu können, warten auf das, was sich aus sich selbst heraus offenbaren möchte. Warten, um den Dingen ihre eigene Entfaltung zu ermöglichen, damit sie sich in der Schönheit ihres Seins zeigen können, ausgereift und bereit, ihrer Natur gemäß zu wirken.

Als Toleranz erlaube ich allen Erscheinungen zu sein. Ich unterscheide nicht zwischen richtig oder falsch, sondern gewähre allen Dingen ihr Recht, zu sein.

Ich sage ja, ja, ja, aber ich beziehe dabei keine Position. Alles, was es gibt, hat eine Berechtigung, zu sein, denn alles ist ein Mitglied des Universums, entstanden aus Bedingungen, die du meist nicht nachvollziehen kannst.

Wer sollte sich dagegen stellen? Ich kämpfe nicht und verteidige nicht.

7. Wahrhaftigkeit

Ich benenne die Dinge, wie sie sind. Ich bin die Gradlinigkeit in der Darstellung von Geschehnissen. Ich stehe zu der Reihenfolge der Ereignisse und verbürge mich für die Richtigkeit der beschreibenden Aussagen darüber. Lügen haben bei mir sehr kurze Beine und werden schon im Ansatz am weiteren Gehen von mir behindert. Wenn ich da bin, haben sie keine Chance, groß zu werden.

Ehrlichkeit ist mein zweiter Name. Fragen werden wahrheitsgetreu beantwortet, Handlungen unzweideutig dargestellt. Ich stehe zu dem Gesagten und vertusche keine Fehler.

Mit mir an deiner Seite kannst du dich leicht, frei und offen durch die Welt bewegen.

8. Entschlossenheit

Ich bin die Kraft, die anpackt. Mit mir gibt es kein Hadern, Zögern, kein Zweifeln oder langes Bedenken. Ist ein Entschluss gefasst, unterstütze ich alle notwendigen Schritte, damit du sie gehen kannst. Manchmal gibt es Schwierigkeiten und es müssen Umwege gegangen werden und sie werden gegangen, zielgerichtet, aber auch umsichtig.

9. Liebende Güte

Ich bin eine Kraft, die verbindet und dich die Verbindung zu anderen Wesen fühlen lässt. Ich achte nicht auf Unterschiede und erkenne das Wesentliche, das uns alle verbindet. Deshalb bleibe ich auch nicht an den Dingen hängen, die dich manchmal bei anderen stören, vielleicht deren Verhalten, ihre Art zu sein oder Dinge, die sie tun oder sagen. Mit großem Wohlwollen schaue ich darüber hinweg und wünsche jedem alles Gute: Mögest du frei sein von Herzenstrübungen und Schmerz, möge es dir gut gehen, möge es allen Wesen gut gehen.

10. Gleichmut

Ich schaue auf die Dinge erst mal recht gelassen. Mir sind die Dinge nicht egal, aber in Anbetracht bestimmter unabänderlicher Ereignisse gibt es nichts mehr zu tun, außer ihnen mit Gleichmut zu begegnen. Dann sind die Dinge so, wie sie sind, und ich betrachte sie dann auch so. Ich bleibe unbewegt in schwierigen Situationen und verstehe auch, was da gerade passiert. Ich akzeptiere die Dinge, so wie sie sind.

Und doch wird getan, was getan werden muss.

(Mehr von mir habe ich schon weiter oben erzählt)

Die fünf geistigen Bewegungen

Es gibt Gedanken, die Sie ganz bewusst denken, wie das Planen einer Reise oder eines Projektes, die bewusste Überlegung eines Sachverhaltes, ob aus der Vergangenheit oder der Zukunft oder dem, was gerade hier geschieht. Diese Gedanken können Sie lenken, ein- oder ausschalten und neu ausrichten.

Aber wenn Sie sich eine Weile beobachten, werden Sie bemerken, dass Ihr Geist meist von *den* Gedanken bewegt wird, die sich ungeplant und ganz uneingeladen irgendwie den Weg in Ihren Geist bahnen. Meist werden sie nicht einmal erkannt, und doch hinterlassen sie einen Geschmack und ein Gefühl.

Immer wenn die Sinne Kontakt zu einem Objekt haben, entsteht entweder ein zugeneigtes, abgeneigtes oder ein neutrales Gefühl. Und dann bewegen die Gefühle den Geist in alle möglichen Richtungen.

Eine dieser fünf geistigen Bewegungen ist ständig anwesend, und ich gehe so weit zu behaupten, dass sich das ganze unbewusste Denken nur um diese fünf folgenden Themen oder Inhalte dreht. Aber lassen wir diese geistigen Bewegungen von sich selbst erzählen:

1. Verlangen/ Wollen

Ich bin die Kraft, die auf etwas zugeht, nachdem du Kontakt zu einem Objekt über deine Sinne hattest. Eine schöne Gestalt begegnet dir, und automatisch springe ich an. Ein schönes Erlebnis, du möchtest mehr davon. Ich verbinde dich mit den angenehmen Dingen des Lebens, oder vielmehr mit dem, was du als angenehm betrachtest. Ich lasse den Wunsch entstehen, das zu erhalten und zu bekommen, was du magst und haben willst. Wenn du nicht aufpasst, halte ich dich ständig auf Trab, denn die Welt ist voller schöner Dinge, und es gibt immer etwas, was du haben möchtest.

2. Abneigung

Und da es in der Welt nicht nur die schönen Dinge gibt oder das, was du als solches bezeichnest, gibt es auch mich, die Abneigung. Ich stelle mich dagegen und lehne ab: Dieses hier mag ich nicht und das dort mag ich auch nicht.

Durch mich werden auch verschiedene ablehnende Haltungen über alles Mögliche gebildet: über Menschen und Situationen, über Meinungen und Sichtweisen, halt über alles, was es so gibt. In meiner extremsten Form mutiere ich auch schon mal in die Maske des Ärgers oder des Hasses, je nach Situation und Anforderung.

3. Lethargie

Ich bin in erster Linie nicht die körperliche Müdigkeit, Schlaffheit oder Abgestumpftheit, sondern primär eine geistige Qualität. Ich bin eine kleine Spielart des Ärgers und vermeide bestimmte Themen oder Situationen, die du unangenehm findest. Ich schalte bei unangenehmen Themen einfach ab und täusche auch eine körperliche Müdigkeit vor. Ist etwas uninteressant und langweilig, bin ich da und entziehe dir alle Kraft und jegliches Interesse. Ich neble dich ein mit einer Wolke schlaffer, träger Ermattung.

4. Erregung/ Ruhelosigkeit

Wenn ich den Weg in dein Bewusstsein finde, fühlst du dich unruhig und gehetzt.

Zum einen überflute ich dich mit zukünftigen Ereignissen: Sorgen, Ängste und Unsicherheit sind die Mittel, mit denen ich das bewirke. Aber auch aufregende, freudvolle Ereignisse biete ich dir an.

Dann wandere ich in die Vergangenheit und lasse dich Situationen sehen, wo du dich nicht gut verhalten hast, wo du andere verletzt, enttäuscht oder dich sonst wie unpassend verhalten hast. Ich fahre die ganze Palette von Schuld, Reue und Zweifel auf. Dein Geist kommt weder in der Vergangenheit noch in der Zukunft zur Ruhe und kreist ständig um diese Ereignisse.

5. Skeptischer Zweifel

Soll ich, oder soll ich nicht? Ist das nützlich, oder ist es das nicht? Bringt mir dieses Unterfangen etwas oder nicht? Ich halte dich davon ab, etwas zu beginnen, und wenn du es begonnen hast, halte ich dich davon ab, es zu beenden.

Wenn ich wirklich gut bin, dann zweifelst du alles an, was du nicht kennst, und beginnst gar nicht erst damit. Ich untergrabe Vertrauen, stelle Entscheidungen infrage, zweifle Vorgehensweisen und Handlungen an und schwanke ständig zwischen verschiedenen Optionen hin und her.

Der weite Raum

„Alle ‚Dinge' kommen und bleiben nicht,
und das, was nicht kommt oder geht, ist kein Ding."
Charlie Hayes

Liebe Leserin, lieber Leser

Sie waren bei den letzten Übungen der empfangsbereite Raum für all die Persönlichkeitsanteile mit ihren verschiedenen Gefühlen, Gedanken und Eigenschaften.

Sie haben sich vertraut gemacht mit den Vervollkommnungen und anderen geistigen Kräften. Sie haben geduldig zugehört, haben sich mitnehmen lassen, haben gefühlt, gedacht, gewagt, toleriert und vielleicht das eine oder andere Aha-Erlebnis gehabt.

Sie haben Ihre Sicht auf verschiedene Anteile geändert, erweitert, korrigiert, beibehalten oder auch bestätigt. Sie waren vielleicht überrascht und manchmal erschrocken.

Allen diesen Reaktionen haben Sie gestattet, auftreten zu dürfen, da sein zu dürfen und wieder abtreten zu dürfen.

Sie waren aber immer da als der empfangsbereite Raum.
Machen Sie sich das bitte sehr deutlich und klar!
Sie waren und sind der Raum für alle diese Mitteilungen gewesen.
Sie selbst sind aber nie irgendwo hingegangen. Stimmt das so?
Sie haben Persönlichkeitsanteile eingeladen, die Stimmen sprechen und dann wieder schweigen lassen und haben sie wieder in ihren Bereich zurückgeschickt.
Aber *Sie* blieben da und sind immer noch da. Jetzt!

Es ist mir wichtig, dass Sie sich das verdeutlichen!
Es ist nicht nur deshalb wichtig, weil es einfach stimmt und so ist, sondern weil diese Haltung für die abschließende Übung wichtig ist.
Diese letzte Übung oder Meditation ist nämlich eine Einladung an Sie, sich vollends mit dem großen, weiten Raum zu identifizieren, ihn zu fühlen, zu ihm zu werden, Raum zu *sein*.
Dazu werde ich die Anrede etwas verändern und vom ‚Sie‘ in das ‚Du‘ überwechseln.

Ich lade dich ein, mit dem großen, weiten Raum in Verbindung zu kommen, zum großen, weiten Raum zu werden, der große, weite Raum zu sein.
Du bist der große, weite Raum!
Glaube aber nichts, probiere es aus, denn du bist immer deine eigene und letztendliche Autorität. Immer!

Ich bitte um Erlaubnis, den großen, weiten Raum kennenzulernen.

Der große, weite Raum

Kannst du dich als die Räumlichkeit spüren, die du bist? Diese empfangsbereite Wachheit? Du bist der große, weite Raum. Fühle das in dir. Denn wenn du das fühlst, bist du unendlich groß und unendlich weit. So, wie du wirklich bist.

Keine Grenzen sind zu spüren.

Du bist die Weite und die Räumlichkeit zwischen allem, was es gibt.

Du bist immer da, du bist um die Dinge und in den Dingen. Du bist die Grundlage für alles.

Ohne dich gäbe es nichts, und doch enthältst du alles.

Aber du bist nichts davon.

Du bist ewig und ungeboren, keinen Anfang und kein Ende hast du.

Dinge, Erscheinungen, Menschen und andere Wesen entstehen und vergehen in dir.

Nach ewigen Prinzipien verändern und verwandeln sie sich, und doch geht nichts in dir verloren. Jeder Gedanke, jedes Gefühl, jede Meinung und jede Bewertung kamen und gingen auch wieder. Aber du bliebst immer da und bist immer noch da.

Spüre dich als Raum, aber vermeide Bezeichnungen und Beschreibungen.

Der Name ‚großer, weiter Raum‘ dient nur dazu, ein Gespür für deine Größe und Weite zu entwickeln. Du bist der weite Raum und gibst allen Dingen die Möglichkeit, zu sein.

Und sie dürfen genau so sein, wie sie sind, alle in ihrer eigenen Natürlichkeit.

Du, als Raum, dichtest nichts an und nimmst nichts weg.

Du lässt alle Dinge frei und sein, so wie sie sind.

Du bewertest nichts und niemanden, sondern deine Gegenwärtigkeit und Akzeptanz ist die Grundlage für die Entfaltung allen Seins. Alles, was es gibt, ist dir willkommen und darf sich in dir nach seiner eigenen Natur bewegen oder still sein.

Es ist viel Platz in dir, es ist für alles Platz, für alle Dinge, die da kommen und gehen.

Du muss nichts tun. Du bist der stille Klang des Seins, ohne Name, ohne Form, ohne Zeit.

Immer und ewig.

Du bist unbegrenzt in der Ausdehnung und nur scheinbar begrenzt durch Formen.

Du lässt dich nicht begrenzen durch Dinge oder andere Menschen, durch Gefühle, Gedanken, Meinungen oder Wahrnehmungen, die sich sowieso ständig verändern!

Ändern sie sich, gibt es dich immer noch!

Kommen sie, bist du da. Gehen sie, bist du auch da.

Dich kann man nicht fangen, halten oder bewegen.

Nie kannst du verletzt, nie geschmeckt, nie gehört, nie gesehen und nie begrenzt werden.

Und doch wirst du wahrgenommen und gefühlt. Du bist einfach nur.

Fühle dich als den weiten, großen Raum.

Die ewige Unendlichkeit ist dein Zuhause, du bist DAS.

Gedanken und Gefühle sind nur Bewegungen, die in dir entstehen und vergehen.

Du aber gehst nirgendwo hin und bleibst genau da, wo du bist: im Hier und Jetzt.

Das ist deine Natur: zu sein, ohne zu vergehen. Einfach nur zu sein.

Beziehe dich auf deine innere Räumlichkeit und Weite, und das Persönliche fällt weg, obwohl persönliche Merkmale da sind, nur, du machst sie nicht zu deinem Eigentum.

Keine Unterscheidungen mehr zu anderen.

Dinge sind dem ewigen Wandel unterworfen.

Körper vergehen, Gedanken und Gefühle vergehen noch viel schneller, nichts ist zu halten und am Ende bleibst du übrig: Raum, ungeboren, unwandelbar, unbegrenzt als ewiges Sein.

Der Verstand kann es nicht erfassen, auch er ist nur in dir. Er hat keine Ahnung von deiner Unermesslichkeit und Größe. Er versucht es halt manchmal, aber vergeblich, er kann dich nicht verstehen und schon gar nicht begreifen.

Fühle dich als Stille und Weite und Verbundenheit, leer, frei und unbegrenzt.

Du bist der weite Raum, in dem alles geschieht.

Und wenn du in dieser Welt wieder eine Person sein musst, dann bist du der Raum, in dem du stattfindest, in dem alles stattfindet.

Ich bitte die Liebe, den großen weiten Raum zu erfüllen.

Die Liebe

In der Leere des weiten Raums bin ich die alles umhüllende Quelle, die gebende, haltende, nährende Kraft. Das, was du tust, tust du alles nur deshalb, um mich zu fühlen.

Du zeigst dich der Welt und möchtest gesehen, beachtet, geschätzt, akzeptiert und geliebt werden, in deinem Sein, so wie du bist. Wenn die Welt dir Aufmerksamkeit gibt und vollkommene Akzeptanz, dann ist das Liebe.

Ich, die Liebe, bin der Geschmack, das Aroma, die Verbundenheit mit allem, wonach du dich sehnst.

Spürst du mich immer mal wieder? Die Wärme deines Herzens, dein Strahlen, deine Weite spürst du durch mich in verbundenem Sein.

Keine Bewertungen gibt es mit mir, denn alles hat seinen Platz und ist willkommen in meinem Bereich. Die Vögel, der Wind, der Regen, die

Wolke, das Große, das Kleine, die Bäume und Menschen sind Teile des Ganzen, die ich alle vereine, umhülle, umspanne, erfülle, verbinde.

Im Wesen eines jeden bin ich zuhause und über Unterschiede schaue ich hinweg.

Ich bin das unsichtbare Band, das alles verbindet, und doch binde ich nie etwas fest.

Hast du in dieser Einheit deinen Platz gefunden, dann kannst du dich ausruhen in deinem So-Sein. Und die Dinge geschehen in freudvollem Tanz, in harmonischem Ausgleich der sich tragenden Kräfte. Wird gegeben, genommen, dann ist Nehmen auch Geben.

Alles, was du tust, tust du aus der Sehnsucht nach mir, der Liebe.

In mir musst du nichts tun, nichts sagen, nichts werden, nichts wollen und nichts Besonderes sein. Alles ist wichtig und alles ist groß und mit Liebe erfüllt, und ich nähre das Ganze, einfach und leicht, verbunden und frei. Kennst du mich?

Und fühlst du dich gehalten in der ewigen Weite, dann gibt es kein Wollen, kein Sollen und kein: „Ich muss anders sein".

Du hast mich gefühlt in deinem Leben, immer mal wieder, irgendwo durch ein Lächeln, ein Geben, eine helfende Hand, durch den Atem, der einströmt, die Sonne, die scheint, durch den Frieden des Seins, wenn du gedankenfrei warst.

Ich bin immer verfügbar als heiliges JA zu allem, und ich berühre alles, was es gibt. Doch du musst bereit sein, mich zu empfangen. Wenn du etwas sagst oder tust oder suchst, dann willst du am Ende immer nur mich. Ankommen im Garten des ewigen Friedens, wo es nie irgendetwas zu tun gibt.

Und das, was getan wird, geschieht einfach so.

Willkommen zu Hause

Das Leben, der Alltag, das Jetzt

„Wenn ich weiß, dass ich alles bin, ist es Liebe.
Wenn ich weiß, dass ich nichts bin, ist es Weisheit.
Zwischen diesen beiden Polen bewegt sich
mein Leben".

SRI NISARGADATTA MAHARAJ

Ja, und Sie sind weiterhin ein Mensch, eine Person.

Ihr ganzes Leben lang, mit allem, was Sie da in sich entdecken, mit allen Anforderungen und Aufgaben, Themen, Problemen, Situationen, Gedanken, Gefühlen, Persönlichkeitsanteilen und den anderen Menschen.

Erinnern Sie sich immer wieder an Ihre Größe und Weite, besonders dann, wenn es sich mal wieder eng und klein anfühlt, wenn sich Anteile und ‚innere Stimmen' in den Vordergrund drängen oder sich verabschieden.

Was würde die Liebe jetzt sagen?
Was würde der Ärger jetzt brauchen?
Wie komme ich an die Gelassenheit heran?
Erinnere ich mich an den weiten Raum?

Alltagssituationen geben uns die Möglichkeit, zu üben und uns und andere immer besser kennenzulernen. Lassen Sie die Anteile nur zu Besuchern, aber nicht zu Bewohnern werden. Und ruhen Sie immer mal wieder in Ihrer eigenen Weite und Räumlichkeit aus.

Ja, und das haben Sie auch gelernt: *‚Zwischen Reiz und Reaktion liegt die Freiheit'*.

Sie bemerken, wie Raum entsteht, wenn Sie von einer Emotion oder einem Geisteszustand Abstand gewinnen können, nicht länger drinnen hängen bleiben müssen.

Immer wieder und immer wieder: Raum, weiter Raum, und in dem Zwischen-Raum halten Sie Ihre Achtsamkeit und ruhen sich da aus.

Gelassenheit, Achtsamkeit, Liebe, Weisheit, Kraft und Freude sind Ihre Alltagsfreunde.

Sie warten darauf, eingeladen zu werden. Sie bringen Sie zurück von den Streifzügen Ihrer Persönlichkeitsanteile, wenn sie länger als nötig das Reden, Handeln und Denken anführen.

Zurück wohin? Zurück in die Weite des Seins und in die Verbundenheit zu sich selbst und allen Wesen.

Und Rumi sagt: *„Da draußen, jenseits der Vorstellung von falsch und richtig, gibt es eine Welt. Dort treffe ich dich.“*

DRITTER TEIL
Hsin-hsin Ming

Verse über das vertrauende Herz
Die Essenz des ZEN von Seng-ts'an

Das Hsin-hsin Ming, die Verse über das vertrauende
Herz des dritten Zen-Patriarchen Seng-ts'an, wird als
das erste, klare und umfassende Zeugnis des ZEN
erachtet. Im 6. Jahrhundert verfasst, sind diese Worte
heute noch genauso bedeutungsvoll wie damals.

Vorwort zur deutschen Übersetzung

Als ich das dritte Jahr als buddhistischer Mönch in Thailand lebte,
schenkte mir jemand die englische Kopie eines kleinen Heftchens. Es
passte sehr gut in meine „Dschungelbibliothek", eine kleine Plastiktüte,
in der ich inspirierende Texte verwahrte. Das war 1991.

Seit dieser Zeit begleitet und inspiriert mich dieser Text, das *Hsin-hsin Ming*.

Es scheint mir, dass in diesen Worten die zeitlose Wahrheit verborgen ist, nach der unser innerstes Wesen eine tiefe Sehnsucht hat.

Es gibt Worte, die den Verstand gut versorgen. Dieses Büchlein jedoch richtet sich an unser Herz und die intuitive Kraft, die manchmal Worte braucht, um sich mit der innewohnenden Weisheit zu verbinden.

Im Frühling 2013 schrieb ich Dr. Clarke, dem Übersetzer und Herausgeber des *Hsin-hsin Ming*, und erbat seine Zustimmung, eine deutsche Übersetzung herausgeben zu dürfen. Innerhalb weniger Tage erfuhr ich von Suzan, einer seiner Zen-Schülerinnen, dass er von einer schweren Operation noch sehr geschwächt sei. Da er selbst sehr gut Deutsch spreche, wolle er später gerne meine Übersetzung gegenlesen.

Er ließ mich um Geduld bitten, bis sein Gesundheitszustand wiederhergestellt sei.

Dann gingen die Monate ins Land.

Im August erhielt ich von Suzan die Nachricht, dass Dr. Clarke am 08. August verstorben sei. Er hatte seine Kraft nicht wieder zurückgewonnen, sich aber sehr gefreut, dass ich dieses Projekt angenommen habe, und er wünschte mir alles Gute.

Diese Nachricht hat mich sehr berührt und zugleich dankbar erfreut.

Es fühlt sich jetzt wie eine Aufgabe an, die ich sehr gerne zu einem Ende bringe, was für einige Leser vielleicht ein Anfang ist, wofür auch immer.

Ich wünsche den Lesern viel Freude und erkenntnisreiche Momente.

Matthias Dhammavaro Jordan

Vorwort zur englischen Übersetzung

von Dr. Richard B. Clarke

Was können wir vom Leben eines Menschen schon sagen, dem Leben dieses Mannes und seiner Bedeutung für uns, Sengts'an, auch Sosan von den Japanern genannt?

Wir wissen, dass er lebte und dass er starb und dass diese und jene Geschichte von ihm erzählt und ihm bestimmte Worte zugeordnet werden.

Es wird gesagt, dass sein Tod im Jahre 606 unserer Zeitrechnung stattfand.

Weder sein Geburtstag noch sein Geburtsort sind bekannt. Wer sollte es letztendlich auch schon wissen? Nur ein paar wenige biographische Fragmente existieren über ihn.

Offensichtlich wanderte er als Bettler umher und während der Buddhisten-Verfolgungen lebte er als Namenloser in den Bergen.

Es wird gesagt, dass er ausgesprochen freundlich und warmherzig war und an den Punkt gelangte, alle Fesseln und Illusionen fallen gelassen zu haben, mit der Hilfe seines Lehrers Huike, und so realisierte er in seinem eigenen Leben das volle Licht eines erwachten Geistes, was das erreichbare Geburtsrecht aller Menschen ist.

Seine Erkenntnis brachte er zum Ausdruck, indem er bestätigte, dass das, was von Buddhisten und anderen als „Herzenstrübungen" bezeichnet wird, das Gleiche wie die Buddha-Natur ist. Das heißt, dass es nur eine untrübbare Realität gibt.

Sengts'an erhielt die ‚Übertragung' von Huike und wurde so zum sogenannten ‚Dritten Zen-Patriarchen'.

Er blieb ein armer wandernder Mönch und übertrug schließlich die „Essenz des ZEN" an Tao Hsin (auf japanisch: Doshin), der sein Nachfolger in dieser Lehrrichtung wurde. Nichts Besonderes.

Und es wird gesagt, dass er dieses Stück hier geschrieben haben soll, das *Hsin-hsin Ming*, wahrscheinlich das erste chinesische ZEN-Dokument. (…unten der Versuch, es zu übersetzen.)

Diese „Verse des vertrauenden Herzens" repräsentieren die Essenz des ZEN.

Sie ermutigen, die spirituelle Intelligenz zu erwecken, und laden dazu ein, diese ZEN-Essenz im eigenen Leben zu verwirklichen.

Das ist alles, was du brauchst!

Lass dich nicht von Geschichten über Sengts'an ablenken, dass er zum Beispiel ein Leprakranker war und sich davon mit ZEN-Übungen heilte oder dass er eigentlich nicht der Autor dieser Verse ist. Lass dich auch nicht davon ablenken, „Vertrauendes Herz" zu definieren.

Und am allerwichtigsten: Hänge dich nicht an die Geschichten deines eigenen Selbst.

Finde die wahren Übungen und stimme dich darauf ein, in jedem Moment deines Lebens. Und so wirst du das wahre Selbst entdecken, das von Sengts'an, von dir und allem, was es gibt, offenbart wird.

So wird sich ZEN in dir vollenden und dein Leben mit Leben erfüllen.

Möge es für dich so sein!

Hsin-hsin Ming

Verse über das vertrauende Herz

Der Große Weg ist nicht schwer für diejenigen,
die sich an keine Vorlieben hängen.
Entstehen weder Zu- noch Abneigungen,
wird alles klar und unverschleiert.
Mache jedoch nur die kleinste Unterscheidung,
und du bist von ihm so weit entfernt,
wie Himmel und Erde voneinander entfernt sind.

Wünschst du die Wahrheit zu sehen,
dann habe keine Meinung für oder gegen irgendetwas.
Das, was du magst, gegen das zu stellen,
was du nicht magst,
ist die Krankheit des Geistes.

Wird die grundlegende Natur der Dinge nicht erkannt,
ist des Herzens ursprünglicher Friede nutzlos gestört.
Der Weg ist vollkommen,
so wie weiter Raum vollkommen ist,
wo es weder Mangel noch Überfluss gibt.

In der Tat liegt es an unserem Annehmen
oder Ablehnen,
dass wir die wahre Natur der Dinge nicht erkennen.
Lebe weder in den Verstrickungen der äußeren Welt
noch in Ideen oder Gefühlen der Leerheit.
Sei gelassen und eins mit den Dingen,
und irrige Sichtweisen verschwinden von selbst.

Versuchst du Aktivitäten anzuhalten,
um Ruhe zu finden, wird dich diese ganze
Anstrengung mit Aktivitäten füllen.
Solange du in dem einen oder anderen Extrem
hängen bleibst, wirst du nie um die Einheit wissen.
Jene, die nicht in dem einen Weg leben,
werden weder durch Aktivität noch durch Ruhe,
weder durch Zustimmung noch Ablehnung frei sein.

Verleugne die Realität der Dinge,
und du verpasst ihre Realität.
Beharre auf der Leerheit der Dinge,
und du verpasst ihre Realität.
Je mehr du darüber redest oder nachdenkst,
desto weiter entfernst du dich von der Wahrheit.
Höre auf, am Reden und Denken festzuhalten,
und es wird nichts geben, was du nicht wissen kannst.

Zur Wurzel zurückzukehren bedeutet,
das Wesentliche wiederzuentdecken.
Aber Erscheinungen oder „Erleuchtung"
nachzujagen heißt, die Quelle zu verfehlen.
Erwachst du auch nur für einen Moment,
begibst du dich jenseits von Erscheinung und Leerheit.

Die Veränderungen, die scheinbar
in der leeren Welt geschehen,
machen wir zu etwas Wirklichem
wegen unserer Unwissenheit.
Suche nicht nach der Wahrheit,
höre nur auf, an Ansichten festzuhalten.

Verweile nicht im dualistischen Zustand,
vermeide achtsam solche leichten Gewohnheiten.
Hängst du dich auch nur an die leiseste Spur
von diesem oder jenem, von richtig oder falsch,
wird sich das Wesen des Geistes
in Verwirrung verlieren.
Obwohl alle Dualität von dem Einen kommt,
halte nicht einmal an Ideen über dieses Eine fest.

Existiert der Geist ungestört in dem Weg,
gibt es keine Beanstandungen an irgendetwas
auf dieser Welt.
Gibt es keine Beanstandungen mehr an irgendetwas,
hören Dinge auf, in der alten Weise zu sein.
Wenn keine unterscheidenden Anhaftungen entstehen,
hört der alte Geist auf zu existieren.
Lass es sein, Dinge als getrennte Existenzen zu
betrachten, und auch der Geist wird entschwinden.
Wenn also das denkende Subjekt schwindet,
schwinden auch die vom Geist erschaffenen Gebilde.

Das Entstehenlassen anderer lässt das Selbst
entstehen, ein Selbst entstehen zu lassen,
bringt andere hervor.
Verstehe diese scheinbaren Zwei als Facetten
der einen grundlegenden Wirklichkeit.
In dieser Leerheit sind diese beiden wirklich eins,
und jedes enthält alle Erscheinungen.
Wenn nicht verglichen oder angehaftet wird
an ‚edel‘ und ‚vulgär‘,
wirst du nicht Beurteilungen oder Meinungen
anheimfallen.

Der Große Weg ist allumfassend und weit.
In ihm zu leben, ist weder leicht noch schwer.
Jene, die sich auf beschränkte Sichtweisen verlassen,
sind ängstlich und unentschlossen.
Je schneller sie eilen, desto langsamer
kommen sie voran.
Einen begrenzten Geist zu haben
und daran anzuhaften, erleuchtet zu werden,
heißt, seine Mitte zu verlieren und sich zu verirren.
Wenn jemand frei ist von Anhaftungen,
sind alle Dinge so, wie sie sind,
und es gibt weder Kommen noch Gehen.

Bist du mit der ‚Natur der Dinge' in Harmonie,
deiner eigenen grundlegenden Natur,
wirst du dich frei und ungestört bewegen.
Ist der Geist jedoch gefangen,
bleibt die Wahrheit verborgen,
und alles ist trübe und unklar,
und die mühevolle Praxis des Bewertens
bringt Verstörtheit und Überdruss.
Welche Vorteile ergeben sich aus Anhaftungen
an Unterscheidungen und Trennungen?

Wenn du es wünschst, auf dem einen Weg zu gehen,
habe keine Abneigungen gegen die Welt
der Sinne und Ideen.
Sie tatsächlich voll und ganz anzunehmen,
ist identisch mit der wahren Erleuchtung.
Der weise Mensch hängt sich an keine Ziele,
aber der törichte Mensch knebelt sich selbst.
Es gibt eine Wahrheit (Dharma)
ohne Unterscheidungen.

Unterscheidungen entstehen aus den verhafteten
Bedürfnissen der Ignoranten.
Den Geist mit dem urteilenden Verstand zu suchen,
ist der größte aller Fehler.

Ruhe und Unruhe leiten sich von Täuschungen ab.
Mit dem Erwachen enden alle Anhaftungen
an Mögen und Nichtmögen.
Alle Dualität entspringt aus ignoranter Einmischung.
Sie sind wie Träume, Phantome oder Halluzinationen,
es wäre töricht, nach ihnen zu greifen.
Gewinn und Verlust, richtig und falsch,
gib alle solche Gedanken sofort auf.

Wenn das Auge niemals schläft,
werden alle Träume ganz natürlich enden.
Trifft der Geist keine Unterscheidungen,
sind die zehntausend Dinge so, wie sie sind,
aus einer einzigen Essenz.
Das Mysterium dieser Einen-Essenz zu erkennen,
heißt, von allen Verstrickungen befreit zu sein.
Werden alle Dinge ohne Unterscheidungen betrachtet,
offenbart sich die zeitlose Selbst-Essenz überall.
Keine Vergleiche oder Gleichnisse sind möglich
in diesem unverursachten, alleinstehenden Zustand
von nur diesem Einen.

Wenn Bewegung anhält,
gibt es keine Bewegung mehr,
und wenn es keine Bewegung mehr gibt,
gibt es kein Anhalten.
Hört solche Dualität auf zu existieren,
kann die Einheit selbst nicht mehr existieren.

Für diesen ultimativen Zustand
gibt es weder Gesetz noch Beschreibung.

Denn für den verwirklichten Geist, eins mit dem Weg,
wird alles selbstbezogene Bemühen erlöschen.
Zweifel und Unentschlossenheiten verschwinden,
und die Wahrheit ist in dir bestätigt.
Auf einen Schlag bist du von den Fesseln befreit,
nichts hängt an dir, und du hältst an nichts fest.

Alles ist leer, klar und selbsterhellt,
ohne den Geist anstrengen zu müssen.
Gedanken, Gefühle, Wissen und Vorstellungen
sind hier ohne Nutzen.
In dieser Welt, „so, wie sie wirklich ist", gibt es weder
ein Selbst, noch etwas anderes als ein Selbst.

Diese Tatsache direkt zu erkennen,
ist nur möglich durch die Praxis der Nicht-Dualität.
Lebst du diese Nicht-Getrenntheit,
manifestieren sich alle Dinge als das Eine,
und nichts ist ausgeschlossen.
Wer auch immer zu diesem Erwachen kommt,
egal, wann oder wo,
erkennt für sich diese bedeutende Quelle.

Diese Dharma-Wahrheit hat nichts mit groß oder klein,
nichts mit Zeit oder Raum zu tun.
Ein einziger Gedanke dauert hier zehntausend Jahre.
Nicht hier, nicht dort, sondern überall,
immer direkt vor deinen Augen.
Unendlich groß und unendlich klein:
keine Unterschiede,

denn Definitionen sind bedeutungslos geworden,
und keine Grenzen können unterschieden werden.
So auch mit „Existenz" oder „Nicht-Existenz".

Verschwende deine Zeit nicht mit
Begründungen und Diskussionen,
die versuchen, das Unfassbare zu fassen.

Jedes Ding offenbart das Eine,
das Eine manifestiert alle Dinge.
In dieser Erkenntnis zu leben, heißt,
ohne Besorgnis über Vollkommenheit
oder Unvollkommenheit zu sein.
Dein Vertrauen in dieses Herz, diesen Geist zu legen,
bedeutet, ohne Trennung zu leben,
und in dieser Nicht-Dualität bist du eins
mit deiner Lebensquelle.

Worte! Worte!
Der Weg ist jenseits von Sprache,
denn in ihm gibt es kein Gestern,
kein Morgen,
kein Heute.

Glossar

Assagioli, Roberto: „Psychosynthese", unter: https://de.wikipedia.org/wiki/Roberto_Assagioli (abgerufen am 10.10.2013).

Borges, Jorge Luis: „Lebensweisheit", unter: http://www.die-pferdeschule.de/die-pferdeschule/dies-das/zitate-texte (abgerufen am 27.01.2016).

Beuys, Joseph: „Öffne dich, lass dich fallen ...", unter: http://www.privoznik.at/fallen.html (abgerufen am 25.01.2016).

Buddhadasa, Ajahn: „Das Tonic der Edlen", unter: http://www.suan-mokkh.org/ (abgerufen am 09.11.2014).

Chah, Ajahn: „Erfahrbare Freiheit". Dhammapala Verlag, 1996.

Clarke, Dr. Richard B.: „Hsin-Hsin Ming: Verses on the Faith-Mind", Paperback, April 1, 2001

Czyz, Woitek: „Interview", unter: http://www.ard.de/home/themenwoche/Wojtek_Czyz (abgerufen an 01.12.2013).

Genpo, Roshi: „Big Mind/ Big Heart", Verlag Kamphausen, 17. März 2008.

Goleman, Daniel: „Emotionale Intelligenz", dtv Sachbuch, 1. Mai 1997.

Hayes, Charly: „From I am to I am with love", Eigenverlag Hayes, 2006.

Jordan, Matthias Dhammavaro: „Ruheloser Geist trifft Achtsamkeit", Verlag Via Nova, 2013

Klein, Jean: „Dein wahres Ich", Verlag Lüchow, 1993.

Man, Ajahn: „Ein befreites Herz", Eigenverlag, 1998

Mooji: „Bevor Ich Bin", PiBoox-Paulsen, August 2014

Picasso, Pablo: „Ich suche nicht, ich finde", unter: http://www.bonvivante.com/eva/ich-suche-nicht-ich-finde-von-pablo-picasso (abgerufen am 25.01.2016)

Renz, Karl: „Aufgehende inneren Sonne des Gewahrseins", unter: https://www.youtube.com/watch?v=Lc99gUaVlMc, (abgerufen am 23.09.2015).

Rumi: „Der Mensch gleicht einem Gästehaus", unter: http://82391.forum-romanum.com und http://zitatezumnachdenken.com/rumi (abgerufen am 27.01.2016).

Sri Nisargadatta, Maharaj: „Ich bin", J. Kamphausen Verlag, 1998.

Stone, Hal und Sidra: *„Du bist viele"*, Verlag Heyne, 1994.

van Lommel, Dr. Pim: *„Endloses Bewusstsein"*, *Knaur MensSana TB, 2. April 2013.*

Wilber, Ken: *„Das Spektrum des Bewusstseins"*, *Rororo, 2. Mai 1991*

Dharma (Sanskrit) oder **Dhamma** (Pali) bedeutet zum einen: Recht, Sitte und Gesetz, zum anderen wird es mit Ethik, Moral, religiöser Verpflichtung und dem Daseinsgesetz gleichgesetzt.

Die drei Daseinsmerkmale: das erste Daseinsmerkmal ist die Tatsache der Vergänglichkeit, das zweite ist das Leiden, Stress und existentielle Unzufriedenheit, das dritte nannte Buddha Nicht-Ich oder Nicht-Selbst.

Pali-Kanon ist die in der Sprache Pali verfasste, älteste zusammenhängende überlieferte Sammlung von Lehrreden des Buddha Siddharta Gautama.

Tao oder Dao bedeutete ursprünglich „Weg", oder „der rechte Weg". Hat auch die Bedeutung eines der ganzen Welt zugrunde liegendes, alldurchdringendes Prinzips. Es ist die höchste Wirklichkeit und das höchste Mysterium, die uranfängliche Einheit, das kosmische Gesetz und Absolute. (Quelle: Wikipedia)

Vier Edlen Wahrheiten

Die Vier Edlen Wahrheiten sind das Kernstück der Lehre Buddhas.
Sie besagen: Das Leben im Daseinskreislauf ist letztlich leidvoll.
Ursachen des Leidens sind Gier, Hass und Verblendung.
Erlöschen die Ursachen, erlischt das Leiden.
Zum Erlöschen des Leidens führt der Edle Achtfache Pfad.

Danksagung

Über einige Jahre addierten sich langsam die Texte zu Seiten, und die Seiten schließlich zu dem Buch hier. Es gab einige Menschen, die mich dabei direkt und indirekt unterstützten, die mich inspirierten und lehrten, die mir auf vielerlei Weise behilflich waren, und bei denen ich mich hier bedanken möchte, ohne sie alle namentlich nennen zu können.

Ich danke Herrn Werner Vogel für den freundlichen und kreativen Austausch über verschiedene Aspekte des Buches.

Ich bedanke mich bei Hedel Gerhardus-Weber für Korrektorat und Lektorat und bei meinem alten Freund und ehemaligen Mitmönch, Michael Kambach, der den gesamten Text nochmal durchgegangen ist und mir wertvolle Anstöße gab.

Mein besonderer Dank geht an meine liebe Freundin und Gefährtin Carola Büttner, die immer ein geduldiges und offenes Ohr für textliche oder inhaltliche Fragen hatte, die mir mit ihren Rückmeldungen und Anregungen und ihrem Sein viele Inspirationen gab und gibt.

Herzlichen Dank!

Weitere Bücher aus dem Verlag Via Nova:

Ruheloser Geist trifft Achtsamkeit
Aus der Zeit in den Moment
Matthias Dhammavaro Jordan

2. Auflage

Taschenbuch, 160 Seiten, ISBN 978-3-86616-252-5

Einfachheit und Tiefe sind die Qualitäten dieses Buches. Der ehemalige buddhistische Mönch spricht aus eigener Erfahrung, verständlich, unterhaltsam, lehrreich, inspirierend und mitten im Leben stehend. Sofort findet der Leser sich selbst wieder und wird behutsam und fundiert an essentielle Weisheiten herangeführt. Vor allem aber zeigt das Buch, sowohl bei den Betrachtungen über die Wirkungsweise des menschlichen Geistes als auch bei den Meditationsanleitungen, wie man durch bewusstes Üben der Achtsamkeit innere Ruhe und Frieden finden und ein entspanntes und erfülltes Leben führen kann. Zeit ist kostbar und dieses Buch zeigt uns den Weg vom Hier ins Jetzt und, wie wir den Reichtum des Augenblicks neu erleben und wertschätzen können.

Meditationen und Achtsamkeitsübungen für den ruhelosen Geist
Matthias Dhammavaro Jordan

Doppel-CD, Laufzeit: 130 Minuten, ISBN 978-3-86616-352-2

Diese CDs bieten bewährte und wirkungsvolle Meditationen und Achtsamkeitsübungen für jeden Tag und für verschiedene Lebenssituationen. Der ehemalige buddhistische Mönch und heutige Meditationslehrer und Achtsamkeitstrainer schöpft aus jahrzehntelangen praktischen Erfahrungen, die hier einfließen. Diese geführten Meditationen unterstützen die Entwicklung von Achtsamkeit, Konzentration und helfen dem Geist zur Ruhe zu kommen. Weiterhin fördern sie auch nachweislich Lebensfreude, Gesundheit und eröffnen innere Freiräume, in denen neue Erkenntnisse und Einsichten gewonnen werden können. Diese Meditationen und Achtsamkeitsübungen können Sie zu einer veränderten und tiefen Verbindung zu sich selbst und der Welt führen.

Sein Bewusstsein auf eine höhere Seinsebene bringen
Geführte Meditationen
Werner Vogel

CD, Laufzeit: 70 Minuten, ISBN 978-3-86616-123-8

Die Grundübung aller spirituellen Wege ist die Meditation. Das Ziel der Meditation in allen spirituellen Traditionen ist die Erfahrung eines nicht-dualistischen Bewusstseinszustands. Um in den Zustand des Geistes in der bewussten Erfahrung des „ewigen Hier und Jetzt" zu kommen, bedarf es einer stufenweise aufgebauten Übungspraxis. Geführte Meditationen können helfen, den zerstreuten Geist zu sammeln und auszurichten. Dadurch kommt der Übende zur Ruhe und zur Erfahrung der inneren Stille. Der Geist beruhigt sich und wird klar wie die Oberfläche eines aufgewühlten Sees, auf dessen Grund man sehen kann. Schließlich tritt der Zustand der gesammelten inhaltslosen Wachheit im Geist ein und der Übende wird offen und frei für ein höheres Bewusstsein. In der CD werden 3 Meditationsübungen angeboten, teilweise unterlegt mit meditativer Musik.

Alles ist da – du musst es nur finden
Mystische Erfahrungen im Alltag / Gisela Zuniga

Taschenbuch, 208 Seiten, ISBN 978-3-86616-251-8

Viele Menschen in unserer Zeit suchen nach religiöser Erfahrung, sehnen sich nach Spiritualität. Eine erfahrene Meditationslehrerin macht sich mit dem Leser auf die Spur seiner tiefsten Sehnsucht. Sie begleitet ihn auf dem Weg zur Vereinigung mit dem letzten Geheimnis, mit seinem tiefsten Grund, mit Gott. Sie lehrt den spirituellen Weg der Kontemplation. Sie führt in die Stille, um hinter der Stille des letzten Geheimnisses gewahr zu werden, in die Fähigkeit des Loslassens und zur Erfahrung des wahren Selbst. Es ist der Weg von der Oberfläche in die Tiefe, vom Haben zum Sein, aus der Zerstreutheit zurück in den Ursprung. Jeder Mensch, so sagt die Autorin, ist fähig, in ein Höheres Bewusstsein zu erwachen und ein Leben aus der Kraft des Seins zu führen, ohne Angst, ohne Sorge, in Freiheit und Liebe.

Vom leuchtenden Grund des Seins
Augenblicke der Ewigkeit / Stefanie Spessart-Evers

Paperback, 320 Seiten, ISBN 978-3-86616-364-5

Manchmal fühlen wir es: das Unaussprechbare und Unbegreifliche, das hinter unserer gesamten Existenz wirkt. Haben Sie diesen mystischen Zauber auch schon mal erlebt? Der Klang des Lebendigen, der leuchtende Grund des Seins, Augenblicke der Ewigkeit in der Natur und in der Liebe, in Dichtung, Musik und Tanz, im mystischen Erleben? Dann wird Sie dieses Buch im Herzen tief berühren und Ihre Seele „erheben" lassen. Denn in allen Aspekten unseres Seins spürt die Autorin mit großer Hingabe diesem Phänomen nach, lässt uns mit bewegenden Beispielen, Geschichten, Reflektionen und Anregungen daran teilhaben und motiviert uns, es bewusst und konkret in unser Alltagsleben einzuladen. Die tiefe Erfahrung vollkommener Verbundenheit kann in unserem Leben alles verändern, und vielleicht kann es dieses Buch auch! Wirklich ein spirituelles Leseerlebnis!

Die Vision vom göttlichen Menschen
Eine spirituelle Weg-Begleitung in das neue Jahrtausend
Barbara Schenkbier

Paperback, 424 Seiten, 21 ganzseitige Bilder, ISBN 978-3-928632-68-3
Prachtband: Geb., 424 Seiten, Einband Kunstleder mit Goldaufdruck,
21 ganzseitige Bilder, Zweifarbendruck, ISBN 978-3-928632-18-8

Das Buch ist ein umfassendes Standardwerk, das den Durchbruch einer neuen Evolutionsstufe im Bewusstsein des Menschen vorbereiten hilft. Aufbauend auf wissenschaftlichen Erkenntnissen und der mystischen Tradition aller Religionen führt es zu einem tieferen Wissen über das menschliche Bewusstsein, um dann den Weg zum göttlichen Menschen zu beleuchten. Alle wichtigen Schritte werden beschrieben, wesentliche Übungen aus einer neuen Sicht heraus dargestellt und die Transformationsstufe zu einem neuen Bewusstsein geschildert. Beim Lesen und Anwenden der beschriebenen Wahrheiten eröffnet sich dem Leser eine neue Sicht auf den Sinn des Lebens. Alle, die den geistigen Weg beschreiten, werden ihn besser verstehen, ihn bewusster, mutiger und konsequenter weitergehen. Das Buch ist aus der eigenen spirituellen Erfahrung der Autorin heraus geschrieben und eröffnet den Blick in eine Zukunft, die die evolutionäre Schöpferkraft selbst schaffen wird.